做自己的能量治療師

22個練習重拾能量，釋放痛苦，找回身心靈健康

娜塔莎・卡列斯泰梅 著
范兆延 譯

目次

推薦序

《做自己的能量治療師》是一本引人入勝的書籍，作者不僅分析了情感創傷如何根植於我們的心理和身體之中，還細緻地介紹了一系列既深刻又具體的練習，這些練習旨在釋放那些長期壓抑的能量，並恢復我們內在的平衡與和諧。

每一章都像是一次心靈的對話，讓讀者能在安全的空間中探索自己的內心世界，並學會如何以更健康的方式來面對生活中的挑戰。

書中的語言充滿溫暖與智慧，透過作者的文字，我們彷彿能感受到一股溫柔的力量，鼓勵我們勇敢面對自己的陰影，並從中找到成長與轉化的契機。這不僅是一本自助書籍，更是一本心靈指南，邀請我們每一個人成為自己生命中的治療師。

我誠摯推薦這本書給所有在尋求心靈平和與內在成長的旅程上，願意深入探索自我、勇於面對自我且希望療癒自我的讀者。這本書將會是你旅途中的一盞明燈，照亮你前行的道路，幫助你解鎖那些束縛你的鎖鏈，讓你自由地展翅飛翔。

謝宜珍，作家、身心靈講師

前言

我們都經歷過困境，無論年紀多大，我們都希望總有一天可以擺脫這些困境。喪親、分手、疾病、失敗、裁員、家庭問題……，有時人生似乎充滿不公平的對待。才剛重新站起來沒多久，新的打擊就再次把我們推回到深淵裡。

我們開始嘗試生機飲食、練習冥想、求助於治療師、學習愛自己、學習原諒……。事後，將自己放逐到天涯海角的念頭確實比以前少了一點，但弔詭的是，一旦再次遭逢磨難，憤怒和沮喪的感覺就會以更激烈的方式在心中爆發開來。於是，我們反覆對自己說：「該做的我都做了！為什麼還是行不通呢？」

那麼，該怎麼走出困境呢？該怎麼做才能寬心，重建自我，重新找到快樂和平靜？

從前，只要還有一些精力，我的樂觀天性總能占據上風，幫助我每天得過且過，無視這些存在性問題，推遲著不願尋找答案，而我也總能找到一個好的理由繼續過日子。隨著歲月的流逝，我就像匹負重老馬，逐漸無力背負越來越沉重的情緒包袱。當時，我對自己的痛苦一無所知。直到可怕的那一天降臨，我的身體再也撐不住了。無論坐著、站著，還是躺著，一種劇烈的疼痛感折磨著我，從我的背部開始，一直蔓延到雙腿。沒多久，我被診斷出椎間盤突出。確實，這種疾病不會要命，但對於習慣於馳騁的動物來說，這種動彈不得的痛苦無異於葬送了半個人生。

假裝自己過得很好再也行不通了，動彈不得的我強迫自己盤點過去發生的種種。四年來，生活讓我毫無喘息的餘地。我與第一任丈夫的離異持續餘波蕩漾，連帶家人也跟著受苦。書稿和多個紀錄片提案先後遭到退回，讓我對自己的專業能力失去了信心。就在這時候，一場悲劇發生了：和我十分親近的妹妹在昏迷了幾個月之後撒手人寰。過了一段時間，我的一位閨密因常年被控制狂丈夫騷擾，心力交瘁而離世。後來，周遭一位被我無心傷害的人士對我出言不遜，傷人的程度令人咋舌，這件小事成了壓垮我的最後一根稻草。兩天後，椎間盤突出讓我無法動彈。雖然我丈夫史蒂芬（Stéphane Allix）溫柔陪伴在側，但疼痛還是讓我留下淚來，我加諸身體的暴力把我自己給嚇壞了。不用勞駕佛洛伊德（Sigmund Freud）也可以知道，讓我崩潰的不是最後這件小事，而是種種艱難處境的累積。我就像是一隻曝曬在陽光下的蝸牛，背上的殼已經裂開，重建自我成了當務之急。

我一股腦地開始閱讀自我成長書籍，希望能找到幫助我走出惶恐的鑰匙。分析心理學創始人、精神病學家榮格（Carl Gustav Jung）的主張特別吸引我：「凡是從生活煩惱中什麼也沒學到的人，會迫使宇宙意識一而再、再而三地重現這些煩惱，一直到你明白這些悲劇的啟示。你否認的東西會支配你；你接納的東西會改變你。」換句話說，只要我們的情感創傷未能獲得療癒，宇宙——即榮格所說的宇宙意識——會使我們吸引一些人和情況，讓我們一再經歷這些傷痛，幫助我們有機會了解它們的意義，消化它們，並不再受它們所影響。

時至今日，榮格的這段話我仍銘記在心。事實上，當時職場上發生了一件出乎我意料之外的事情。過去十五年來，我專注於拍攝野生動物和科學調查影片，一部接著一部持續拍攝不輟。但是最近一年，我所有的提案全數遭到電視台駁回。一開始我覺得不解，之後便感到氣憤。我一直相信最終會得到他們正面的答覆，但是幾個月過去了，什麼都沒有發生。我發現自己沒了工作，伴隨失業而來的是覺得羞愧。後來，失業津貼領完，我沒有任何收入，財務上是一場災難。

直到有一天，就業中心的一位輔導顧問邀我面談，希望討論我的求職進度，但我卻把這件事看作是種冒犯。「一切都很好，我正在創作我的下一本小說，手邊還有拍片的計畫，就不勞你費心了，我不會去見你。」我以沒有惡意的氣憤口吻毫不客氣地加以回應。但政府單位並不在乎我的情緒。幾週後，我不得不前往聖德尼（Saint-Denis）專為表演藝術接案工作者服務的辦公室。抵達現場，我的態度終於軟化，甚至和面前笑容可掬的女職員一見如故。我和她分享許多計畫和編寫電視影集的夢想。晤談了兩個小時之後，我伸手向她握別。「你沒有填寫電子郵件地址。」她說。我向她解釋，為了不要浪費時間和減少無用訊息的數量，我決定不提供電郵地址。「真可惜，你原本可以收到研習機會的通知。」她很堅持。女職員沒把我的話聽進去，而是在螢幕上滑了幾頁，然後繼續說：「你看，我們收到了盧貝松電影學院大師班的邀請。」我有點興趣，於是又坐了下來。她遞給我十頁不同的課程安排，我隨手拾起一張念道：「學習編寫電視劇。」我驚訝地合不攏嘴，心臟撲通狂跳……。那一瞬間，我想起了榮格的那句話，「從磨難中得到啟發。」沒有電視台的拒絕，我今天就不會失業；沒有失業，就不會有就業中心的邀約；沒有就業中心的邀約，就不會有機會知道這個研習機會。說不定我認為令人委屈的失業反而能讓我實現夢想？

我從招生訊息中得知大師班的學費很高，而且三週後開課。沒有時間可以浪費了，我謝過求職顧問，趕忙將須提交的資料準備好，然後興奮地走到櫃檯前。「很抱歉，」櫃檯小姐邊說邊把文件交還給我，「最晚必須一個月前遞交申請，但編劇班三週後就要開課，現在要註冊已經太晚了。」我心裡恐慌極了，思緒舉棋不定，但如果榮格是對的，那我就必須參加這次的大師班。

「一定有解決的辦法。」我毫無把握地表示。我有一種預感，當下即將發生的事情會對我人生中面臨的種種考驗影響深遠。如果可以報名成功，我一定會把全副精神放在「從過往沉痛的悲劇中學習」。

「你不會剛好是作家吧？」對方接著問道。

「我是啊……」

「因為如果可以證明你過去兩年來曾以作家或編劇的身分賺進九千歐元，那就可以報名。作家報名的時限是三週前而不是一個月，截止日期就是今天。」

我以最快的速度趕回家，並提交了相關證明的影本。我第一時間就收到好消息：培訓申請獲得受理。一週後，學校打電話給我，邀請我參加面試，最後我成為八名錄取學員之一。發生的事情實在太不可思議了！當時我還不曉得其實故事並沒有就此結束。幾個月後，由於有位講師突然離職，於是看過我小說作品的電影學院院長委託我負責一、二年級的「劇本編寫和人物構思」課程。不止如此，一位製片人後來還請我為一齣電視劇編寫劇本。

塞翁失馬焉知非福：曾經令人絕望的失業身分，如今成為引領我實現夢想的階梯。

那一天，我終於明白，一切安排自有其道理。

那接下來呢？我可以做什麼來療癒自己並繼續前進？幾年前，當我還是記者和導演時，曾認識幾位知名人士，他們鼓勵我以不同的角度來看待人生中的傷痛。當時，我覺得這與我無關，但內心理性至上的態度確實有所動搖。治療師、磁療師、靈媒、薩滿，他們和我分享自己的治療技巧和他們學會放下的方法。這既不是生物學、也不是心理學，而是關於某種能量和覺知，與我過去所學到的東西截然不同，說不定它們能對我有所幫助？

我應用了這些技巧，周而復始、月復一月，我擺脫了家族遺留的傷痛，遠離了恐懼，不再自責，透過療癒來重建自我。我的人生終於脫胎換骨，更上層樓。

後來，我決定開辦工作坊分享這些能量練習，有來自法國各地的治療師、心理學家甚至醫生共襄盛舉，我感到非常欣慰。這些年來，我收到許多陌生人的現身說法，表示他們的生活因此發生改變。我認為這是一個機緣，分享這些寶貴知識的時機已然成熟，而十年來探索的成果就凝聚在本書之中。

各位將可以擺脫令人痛苦的情緒，重新找回內在的力量，開啟你的能量鑰匙。

建議：你可以按部就班進行這些練習，或者只選擇與你有關的部分，但在進行練習5和練習6之前，請花時間仔細讀完前面的內容。如果直接跳到練習頁面，就等於略過注意事項和說明，恐導致無法融會貫通。請徹底熟讀本書，把握所有成功的機會。

第一篇
進行正確的診斷

第1章　找出情感傷痛

改變看待逆境的角度是我們的目標，因為逆境中總隱藏著柳暗花明的美地。此刻，我們的眼前盡是泥淖，但很快我們就會明白，它其實是幫助我們以不同方式茁壯的養分。只要退一步看待困境，我們就不會再把它們視為災難，而每一次的考驗都將成為寶貴經驗。我們不是命運的受害者，也不是某人的目標。面對正在經歷的磨難，我們可以採取某些積極的作為。

今天，我提醒自己用這種態度看待人生，同時讀到麗姿・布爾波（Lise Bourbeau）的暢銷書《五種傷，五種假面：認出內在的傷痛，找到真正的自己》。[1] 這位加拿大治療師的研究根植於神經學家、精神分析創始人佛洛伊德的主張，即人的體態特徵可能與情緒有關。在研究數千個案例之後，布爾波歸納出五種傷痛：被拒絕、被遺棄、被羞辱、遭背叛和受到冤屈。[2]

我們每個人都可能會經歷其中兩到三種重大傷痛。布爾波在書中描述身體承受傷痛的方式，並為每種傷痛描繪一種典型的面貌。我將透過幾位全球家喻戶曉的人物，來向各位介紹它們的主要特徵。

五種主要傷痛

拒絕的傷痛：童年時期身形狹窄或瘦弱，隨著年齡增長可能變得較為豐滿，通常在胸部區域會有凹陷。在工作中追求完美，獨來獨往，在職場上被認為「格格不入」，面對困難選擇會立刻放棄而不是與之抗衡。代表人物：安潔莉娜・裘莉、安迪・沃荷。

遺棄的傷痛：身體缺乏緊實感，駝背，神情哀傷，渴望得到關注。在從事面對群眾的工作中如魚得水，徵求意見但不一定聽從，無法忍受獨自生活，對周遭的人非常熱情。代表人物：伍迪・艾倫、英王查爾斯三世。

侮辱的傷痛：圓潤的身體和臉龐，擁有一雙大眼睛，不喜歡匆匆忙忙，努力做到

❶ Les 5 blessures qui empêchent d'être soi-même，Les Éditions E.T.C. 出版，2000年；Pocket口袋叢書，2013年。

❷ 另外還有五種傷痛：憤怒、無助、悲傷、內疚和恐懼，它們同樣重要，但是布爾波在她的作品中沒有提到。我在拙著《尋找我的位置：二十二個通往幸福的練習》（Trouver ma place. 22 protocoles pour accéder au bonheur，Albin Michel出版，2021年）一書中探討了這些傷痛。

完美避免招致批評，慷慨，要求自己為別人付出勝過為自己付出，以至於有時覺得被人利用。代表人物：馬龍．白蘭度、柴契爾夫人。

背叛的傷痛：表現出力量和權勢的勻稱身體，眼神熱烈而迷人，不在乎別人的問題，喜歡掌控各種情況並親自處理一切，追求給人留下深刻印象，具敏捷的理解力和行動力。代表人物：潘妮洛普．克魯茲、阿諾．史瓦辛格。

委屈的傷痛：身材挺拔，體態完美，臀部圓潤，眼神犀利，對自己要求很高，追求完美。認為自己沒有問題，但很難在不感到內疚的情況下取悅自己。代表人物：席內丁．席丹、約翰．甘迺迪。

認識自己的創傷是一件很有趣的事，它幫助我們了解生活中可能一再重演的模式。如果你覺得很難找出兩到三個代表自己的傷痛，別擔心，繼續往下看：情感釋放的練習可以透過其他方式來進行。

如果讀到這裡時你心想：「這些描述都不是在說我。」但周遭親友卻表示：「才不呢，這明明就是你。」這很正常，人的心理總是會試圖讓自己遠離傷痛，保護自己不會意識到這種痛苦。我在某次提及這些傷痛的演講上就碰到了這種情況。當時有名男子走過來請教我：「我已經記下了四種傷痛，還差一個。」我特別提醒對方，他所欠缺的可能就是他最主要的傷痛，是他的心智一直試圖逃避的痛楚，以免他還沒有準備好面對現實。他不以為然地對我笑了笑，於是我要他告訴我寫下了哪些傷痛，其中缺少了背叛。「我的人生盡是背叛。」他驚訝地喃喃自語。

各位準備好試試看了嗎？請不要往前翻，直接寫下這五種傷痛，目的不是為了測試你的記憶力，而是進行一次實驗。

1. ______

2. ______

3. ______

4. ______

5. ______

如果你忘掉了其中一、兩個，那你非常幸運，因為可以肯定，你剛剛找出了自己最主要的傷痛。如果沒有，請參考前面提到的體態描述，記住我們都有多種傷痛，而且是各種傷痛的微妙混合體。

人體傳達自身主要傷痛的方式很有意思，但最令人感到匪夷所思的是布爾波對其由來的看法：「人的靈魂會選擇一定數量的傷痛來進行體驗，例如被拒絕和不公平的對待，或是遭到背叛和拋棄。如此一來，我們就會一而再、再而三吸引那些讓我們不斷重溫這些傷痛的對象和情況，直到它們不會再影響我們為止。」

我們最先選擇的對象可能是我們的父母；人的靈魂會決定自己出生的家庭、文化和社會環境。首次讀到這種論調的時候，我感到很困惑。但後來在拍攝《不可思議大調查》（*Enquêtes extraordinaires*）這一系列探討死後意識可能不滅的劇集時，我過去鐵齒的態度開始動搖。世界上有超過半數的人相信輪迴，但對我來說，這種看待事物的方式仍是一種外來和屬於東方的觀點。然而就在研究詹姆斯・萊寧格（James Leininger）這位兒童的生平時，我還不曉得自己即將面對驚人的發現。這起經過各方大肆報導的案件，至今仍是科學無法解答的謎團。

詹姆斯出生於美國路易斯安那州，自二〇〇〇年開始，兩歲的他便噩夢不斷。他不停喊著「飛機著火了」，並敲打著睡床的護欄，同時尖叫著說他無法脫離駕駛艙。隨著年紀漸長，這個孩子自稱是一名在第二次世界大戰中服役的美國飛行員，他的基地是納托馬號航空母艦（Natoma）。他甚至還可以說出隊友的名字，並指出他的座機是在硫磺島被擊落……。詹姆斯的父母對此抱持懷疑態度，但經過十多年的明察暗訪，才終於接受兒子很可能就是詹姆斯・修斯頓（James Huston）轉世，此人在一九四五年的一次空襲中遭到日本軍隊擊斃。年幼詹姆斯提供的所有細節，有部分未被美軍公開，但在二〇一一年，它們都獲得了驗證和確認。這的確十分驚人，但最令人感到震驚的是，詹姆斯告訴父親自己受孕的過程：「我選擇你和媽媽當我的父母。」他父親睜大眼睛，問他是什麼時候。「當你們在夏威夷度假的時候，在一間粉紅色的酒店裡。」根據出生日期推算，詹姆斯確實是在夏威夷粉紅宮酒店裡著床的，當時他父母正在那裡度假！

雖然聽起來很瘋狂，但我們確實很可能自行選擇了我們的父母。而且不僅如此，就連我們所有的家人、朋友和職場同事也是。對此，達賴喇嘛不也說過：「地球上有七十多億人，我們身邊的人絕對不可能是偶然出現的。」

但是，該怎麼做才能避免我們的情感傷痛一再出現呢？

第2章 走出情感傷痛的輪迴

第一步是意識傷痛的存在並接納它們。如果在前面的練習中，你沒有找出自己的主要傷痛，也並未找到符合自己的體態描述，這裡有一個有效的方法：寫下會讓你回想起人生中六到七個難關的關鍵詞。舉例來說，它可以是甩掉你或背叛你的那個人的名字、令你難以平復的一位親友的往生、小時候捱過的一記耳光、家人或同事一句傷人的話、一場車禍、一次衝突、寵物離世、一個你沒有得到的工作等等。請盡量詳細記載下來，把想到的一切都寫下來，不用管事件發生的時序遠近。你提到的難關越多，後續的內容就越有意義。

1. ____________________
2. ____________________
3. ____________________
4. ____________________

5.

6.

7.

找出難關

現在，用對應五種傷痛的開頭字母，來說明你度過每個難關的方式：I代表委屈（injustice），R代表拒絕（rejet），A代表遺棄（abandon），T代表背叛（trahison），H代表羞辱（humiliation）。如果一個難關反映出兩種傷痛（例如委屈和背叛），請同時記下兩個相應的字母。人們常常分不清楚拒絕和拋棄。拒絕是由一個決定引起的（例如小時候大人告訴我們說：「功課沒寫完就不准吃飯」）；遺棄則是因為疏忽或明顯超出我們控制範圍的事件所造成的（例如「因為塞車，所以我接你的時候遲到了」）。

計算I、R、A、T、H的數量，如果其中有兩到三個傷痛的數量較多，就代表你的感受獲得了證實，好極了！你感到驚訝？那就更好了！無論如何，你剛找出了影響你人生的傷痛。請注意，難關的認定因人而異，完全取決於當事人。有人認為分手是被人遺棄，也有人認為這是拒絕、背叛、羞辱或委屈。同樣地，失業、被劈腿、挫折和意外，都可能被認定為委屈。

這個練習可幫助你找出榮格所提出難關輪迴中面臨的傷痛。相信你自己或身邊的人都曾面臨以下困境：

「太可怕了，每個和我約會的女人都會劈腿……」

「慘了，每個主管都看我不順眼……」

「氣死人，每次買新車都有問題……」

• 如果將這些考驗看作是個悲劇、詛咒，或是怪罪別人，然後自認為是受害者，就等於沒有把握住這個訊息：我們的靈魂決定去經歷某些傷痛，我們必須克服它們，擺脫它們的影響。這才是最重要的課題。

- 如果這個折磨如同惡性循環一再出現，就代表我們錯過了一個重要訊息：有個舊傷還沒有痊癒。遭遇痛苦的當下總是隱藏著一個無形的「禮物」：我們有機會透過覺知自身的弱點來重建自己。
- 我們屆時將會驚訝發現，我們正讓自己和旁人一次又一次經歷相同的折磨，然而擺脫這種傷痛影響的最好方法，就是停止讓自己和他人承受這種傷害。

這裡以第1章提到的公眾人物為例，來說明情感傷痛的迴力鏢效應及其惡性循環。

拒絕的傷痛

安迪．沃荷是二十世紀最偉大的藝術家之一，然而他的作品卻飽受藝文界非議，呼應其在學期間那種被拒絕和不被喜愛的感受。他痴迷於死亡，有厭食症傾向（對自己身體的拒絕），並且追求完美，他處理被拒絕這種傷痛的方式與安潔莉娜．裘莉相同。這位女星只讓自己選擇的人靠近，她喜歡獨處並明確表示自己「將永遠是個龐克女孩」；而龐克就是個拒絕既定秩序和顛覆成規的藝術運動。這些大人物雖然聞名於世，卻因為在藝術方面離經叛道的出色表現，而顯得「格格不入」。

擺脫拒絕傷痛的第一步，請停止拿它來折磨自己，同時留意不要讓別人經歷這種折磨。不要用搬家來逃避，不要再驅逐所有惹自己不高興的人，優先選擇無需面對選擇的道路（教育、醫學、分析、寫作、貿易、行政……），在評價別人的時候保持節制（特別是職業需要對他人進行評判的人）。為了擺脫傷痛，我們必須避免讓這種拒絕影響四周的人。

遺棄的傷痛

伍迪．艾倫雖然擁有出色的幽默感，但看起來總是愁眉不展。這位自嘲之王經常在自己的電影中客串，帶著誇張的駝背姿勢和萎靡神情。這種對關注的渴求是藝術家都具備的特質，來自於遭到遺棄的典型傷痛。英國國王查爾斯三世四歲時，他的母親遺棄了他，卸下母親的角色成為英國女王。他和所有遭受遺棄的人一樣，難以忍受孤單一人，於是他為了戴安娜而拋棄卡蜜拉，之後又遺棄了戴安娜回到卡蜜拉身邊。

停止仰賴他人的關注，就是讓自己走出遺棄傷痛的方法。但我們也必須小心，不要一開始有點不愉快就拋棄朋友或陪伴我們的人，也不要放棄已經在進行中的計畫（熱衷的事物、愛好、職涯規劃）。

侮辱的傷痛

英國前首相柴契爾夫人以其尖銳傷人的談吐聞名，並因此有「鐵娘子」的稱號。法國前總統密特朗也是如此，他毫不留情的言論讓所有人敬畏三分。馬龍．白蘭度曾經非常肥胖（受人恥笑的特徵），看不起自己酗酒的母親，後者最終在聲色場所中不省人事。他童年時期不斷受人恥笑，並在沒有任何戲約上門之後再次經歷這種傷痛。此後，他對自己的外貌自暴自棄，藉此不斷羞辱自己，在走到生命盡頭的那一刻，體重計上的數字是一百三十六公斤。

如果不想在生活和職場上受到周遭人的指指點點，甚至是街上路人的非議，這裡建議從自身做起。避免隨口嘲弄、羞辱身邊的親友，或是給他們取難聽的綽號。

避免總是過度努力（為了不讓人失望），就可以減少被人利用的感覺。留心對待自己或飲食的方式，這種羞辱傷痛自然不復存在。

背叛的傷痛

外向、急躁、迷人、充滿自信，那些經歷過背叛傷痛的人非常具有演戲、從政或謀略方面的天賦。有些演員在從政後，背叛的創傷反而進一步加劇，像是美國總統雷根或阿諾．史瓦辛格。潘妮洛普．克魯茲擁有比例完美的體態（背叛傷痛的外貌特徵）。她當初想要保護自己的隱私，卻被嫂嫂背叛，孕事因此遭到公開。在與哈維爾．巴登交往期間，這對愛侶拒絕所有戲約，全心投入兩人世界。雙方的約定因為男方同意拍攝阿利安卓．伊納利圖導演的作品而遭到毀棄，這對潘妮洛普來說也是一種背叛。

停止想要掌控一切、控制周遭親友的念頭，而是光明正大地幫助他們（這其實可以安撫自己），同時從遵守對自己的承諾做起（飲食、運動、放鬆、戒菸等），這是走出背叛傷痛最好的方式。只要學會耐著性子，只要不再一廂情願地認為自己掌握一切的真相，無論是親友還是同事的背叛，都將只是一段不愉快的回憶而已。

委屈的傷痛

席丹是世界頂尖的足球運動員，以足球天賦和球技聞名，而他在二〇〇六年世界盃決賽上的暴走行徑同樣令其聲名大噪。對於這位頂尖足球員來說，面對家人受到言詞羞辱，他肯定是深受委屈！席丹用頭槌頂撞惡意冒犯的義大利球員。他被逐出場外，導致法國隊與冠軍失之交臂。挺拔的身材、圓潤的臀部、極盡圓融的態度（受委屈者的主要外貌特徵），這同樣是美國最年輕總統約翰·甘迺迪的特徵，而他的家族也經歷了一連串不公正的悲慘境遇。

要如何才能不再感覺自己受到委屈？首先，覺察我們對自己所做的不公平行為，例如付出時間追求面面俱到的完美人生，卻犧牲了健康或與親人相處的時間。讓我們先睜開雙眼，正視自己在乎和喜愛的事物，避免過度疲勞。留心銘記那些幫助過我們的人，以及我們所做的每個決定帶來的影響。

大多數情況下，我們會同時受到兩種主要傷痛的影響，要加以區別有些困難，例如擁有比例完美的身材（委屈的傷痛），同時臀部比肩膀稍寬（背叛的傷痛），而使得我們不得不同時背負這兩種傷痛。同樣地，如果我們容易發胖而且缺乏肌力，這可能意味著我們有遺棄和羞辱的傷痛。

接受考驗

無論我們身上背負多少傷痛，關鍵在於留心自己對周遭親友的態度，同時關注自己，並觀察自身看待事物的方式。下面的例子對此有清楚說明。

妮可是我工作坊的學員，她告訴我她生日當天醒來，男友並沒有對她說生日快樂，她因此覺得委屈（換作其他人，這樣的遭遇可能會是拒絕、背叛、羞辱或遺棄，這取決於他們感受到何種傷痛）。當天晚上，發現男友和其他友人為她舉辦驚喜派對，她再一次感受到委屈的情緒，但這一次是因為男友沒想到她更想要一頓兩人的燭光晚餐。事後回想起來，妮可發現自己總是以受害者的角度來看待每件事，卻沒有意識到自己成天怨天尤人反而加劇了委屈情緒，而男友其實一直對她十分體貼。

> 人的一生中，終究會遇到那些讓我們有機會經歷這些傷痛並加以治癒的人和處境，理解這一點有助我們停止對身邊親友的行徑妄加評斷，並寬心接納他們的行為。

從現在開始，請將每一次的不愉快看作是改正態度的機會。舉個例子：我有位朋友羅宏住在法國西南部，他與住在西班牙的姐姐在巴黎合租了一個臨時住處。他內心帶著拒絕的傷痛，喜歡獨處的時刻，討厭陌生人的侵擾。由於我們總是吸引讓自己一再體驗傷痛的情境，他的姐姐就這麼剛好，邀請路過的朋友來巴黎的公寓過夜，當時羅宏人就在巴黎。他將這種巧合看作是姐姐對他的拒絕，於是他反過來拒絕了這一要求，決定不再接受這些不速之客的造訪。直到有一天，就在羅宏人在巴黎的那個星期，他姐姐羅患癌症的婆婆到巴黎來進行檢查，他簡直不敢相信：「她可以來，但我要去住旅館。」他拒絕了姐姐的婆婆。羅宏決定離開公寓，把問題丟了回去。他不明白，為什麼身旁的人都在算計他，讓他多次面對這種傷痛。那是因為他沒能從這種情況中吸取教訓，也就是先停止拒絕他身旁的人。在我的建議下，他決定誠心接受這位女士的來訪，同時留在公寓裡。結果呢？後來對方發了一封電子郵件表示她決定借住一位朋友家，心裡會覺得比較踏實。她的出現並沒有打擾到羅宏。

- 不再讓自己和周圍的人經歷我們的傷痛，就是要採取行動，防止同樣的困局在人生中不斷上演。回避在我們傷口上撒鹽的人並不是解決辦法，要去正視我們的傷痛，接納它，意識到它會一再發生，以及它之所以揮之不去都是為了讓我們更好，這才是走出傷痛並停止痛苦的最好方法。
- 正視自己的傷痛並不代表照單全收。面對虐待、精神暴力或惡意批評，別忘了保護自己並表達感受。當然，這裡所說的並不包括強暴、毆打或性變態，以及所有涉及暴力的行為，畢竟面對這些行徑，逃避才是唯一的選擇。在做出反應之後，必須將考驗本身看作是學習的過程。藉由回頭審視，有時可能是數年之後，當我們走出傷痛、當對方可能表示歉意時，我們會變得更加堅強，發展出不認為自己具備的技能和才華，那麼以不同心境看待那次考驗的時機便成熟了。

在等待自己好起來之前，我們有權表達沮喪和憎恨，怪罪某人對我們所做的事情是人之常情，即使對方是我們的父母、兄弟、姐妹、祖父母、配偶或朋友！但是想要包容這種磨難，並在人生道路上繼續前進，建議各位將自己從負面的情緒中釋放出來。有一天，我們一定可以放下它，凡是都有先後順序。

我建議各位發洩不滿、怨恨、沮喪或憤怒，不妨在大自然中嘶吼，但更有效的是向第三方或治療師傾訴，避免這些情緒透過暴力或疾病來宣洩。如果你覺得退一步很難，以下章節可以提供幫助。別忘了，那些讓我們受苦的人可以幫助我們意識到自己的傷痛、意識到不斷重演的輪迴並加以擺脫。雖然這很難想像，但當下的折磨是在未來遇見更好的自己的最佳盟友。

遠離磨難

有時，我們會搞錯對象。在這種情況下，我們肯定會責怪自己做錯了什麼。舉例來說，父親對我們施加一些不堪行徑，我們卻在無意識的情況下，嚴厲責怪母親沒有保護我們，而這往往也意味著我們在責怪自己不知如何說「不」。同樣地，朋友做出的決定傷害了我們，而我們卻遷怒對方的太太，因為她是所有問題的根源，這也等於是我們在責怪自己沒有事先掌握友人的問題。最後一個例子，我們在職場上受到騷擾，卻怪罪自己的兄弟沒有關心我們，這往往是我們責怪自己沒有能力對抗主管的表現。

這種潛在的內疚感會導致我們在精神和肉體上傷害自己，藉此來懲罰自己。當我們不小心從樓梯上摔下來、粗心地磕碰身體、腳趾撞到家具等，這些身體蒙受的傷害都是我們感到自責的具體表現。

遭受的磨難越多，心中的念頭就越會阻止我們正視真相。凡是讀到這裡仍持懷疑態度的讀者，都是經歷過深刻磨難的人，因為心靈嘗試保護自己，使我們遠離真相。

練習1

擺脫情感傷痛的輪迴

1. 找出一再重複的循環，釐清影響你的傷痛（拒絕、遺棄、羞辱、委屈和背叛）。

注意：如果你確信自己沒有任何傷痛，這代表你正背負著委屈的傷痛，它隱忍地表示「我沒事，我很好」。事實上，這種傷害往往會導致職業倦怠，因為你不曉得自己正在受苦，所以你永遠不會停下工作。

2. 明白對方一定也有和你相同的傷痛，他是在幫助你認清自己在乎的點。
3. 設下可接受的底限，傾訴自己的感受，讓自己走出憤怒的情緒。告訴對方你正經歷何種傷痛，同時留意不要讓你周圍的人遭受相同傷痛。
4. 停止用傷痛來折磨自己。
5. 明白傷痛會喚起需要治癒的問題，才能加以克服，也就是打破它一再重複的過程。
6. 停止遷怒他人，就是擺脫傷痛的第一步。
7. 不要為了取悅他人去做任何事情，是擺脫傷痛的唯一途徑。
8. 當傷痛不再出現，你才是真的痊癒。

第3章 了解疾病的意義

我第一次以臨床醫學以外的角度看待自己的健康問題，是有次因為發燒而臥床四十八小時之後。當然，我去看了醫生。在要離開的時候，醫生看到我穿外套時露出痛苦表情，當時我並沒有告訴他我的肩膀一動就痛。「你究竟是看誰不順眼？」他笑著問我。我當下並不明白他的問題，也看不出這與發燒有什麼關係，更不了解這和讓我行動不便的疼痛有何關聯。接著，醫生解釋說他有幾位肩痛病患都有一個共同點：身邊都有個令人抓狂的親人。這種感覺的確引發了我的共鳴，難道與親友之間的關係會影響我們的健康？於是，醫生建議我去想想當時占據心思的對象與我的關係。第二個建議則是諮詢心理治療師，每週一次，持續一年的時間。說來神奇，在沒有服用任何藥物的情況下，我的疼痛逐漸減輕，然後完全消失！當時，我並沒有意識到整個好轉的過程，但是當椎間盤突出的症頭出現時，我想起了這段往事。現在，解決的方法不言自明：去看醫生，然後換個角度思索病灶，我們就能夠痊癒。

疾病週期

在人生的各種週期中，疾病總是會一再出現。不過很遺憾，我們對於疾病的反覆發生並未給予足夠的重視，更糟的是反而對生病習以為常。心絞痛、感冒、腸胃炎、偏頭痛、便祕、發炎、氣喘、背痛或膀胱炎……，如果這些疾病的復發並非偶然呢？如果這種無止盡的循環和我們經歷的折磨一樣，自有其意義呢？當發現自己臥床不起、疼痛難耐時，我們會認為自己很容易受到某些微生物和細菌的感染，或者是感染了某種正在流行的難纏病毒。感冒、流行病甚至是家族遺傳也都可能讓人生病。此外，家庭醫生經常發現，他們的病人所患的大多數疾病都會復發。雖然服藥通常可以緩解病痛，卻無法預防疾病復發，認清這一點令人感到無助，但要怎樣才能避免這種情況發生呢？

在分析對疾病的各種反應時，我注意到一般人對身體都不夠重視。好比說頭痛，這是很常見的一種疾病。一般發生頭痛的時候，我們的第一個反應是對自己說：「這沒什麼，等會就不痛了。」如果疼痛持續，我們會服用止痛藥。現在，讓我們將這種情況與警告汽車煞車片磨損的紅色警示燈比較一下。如果我們的反應跟看待頭痛一樣，抱持「它自己會好起來」的態度而不更換煞車片，最終就會導致事故發生。第二個階段是服用只緩解疼痛而不治療病因的藥物。以汽車為例，這就好比關掉提醒我們注意故障的警示燈，但是關掉警示燈並不能避免汽車發生事故，因為煞車的問題依然存在。在上述的例子中，汽車就像是我們自己！

這個例子說明了兩件事：第一，我們對汽車的呵護勝過善待自己的身體（我們會更換煞車片，但卻只緩解病痛的症狀）；第二，我們更在乎療效，而不是問題的根源。

無論服用西藥還是中藥，補救措施都不過是暫時熄滅小紅燈來消除症狀。舉個例子，如果感染了細菌性喉炎，醫生會開抗生素；如果背痛，就開肌肉鬆弛劑；如果得了溼疹，建議使用類固醇藥膏；如果焦慮症發作，就建議服用抗焦慮藥物……。但這些藥物真的能解決身體不適的原因嗎？不能。事實證明，折磨我們的病痛會不斷復發。有多少人曾因右腳發炎而痛苦不堪，然而就在服用消炎藥並舒緩疼痛之後，結果又沮地喪發現患部或左腳又再度發炎？

病毒、微生物、細菌和流行病固然是致病因素，但它們在地球上已經存在了幾百萬年。隨著時間的推移，它們不斷進化，適應了地球和宿主的改變。如果它們的存在足以致病，人類勢必免不了感染疾病。然而，我們之中有些人會生病，有些人卻始終健康。另一個反常的現象是，雖然病毒需要溫暖的環境進行繁殖，但它們在冬天造成的傷害卻最大，難道是因為人體已經虛弱到容易受到這些病原體的影響？

有些理論認為，疾病源自身體內部的失調，生物邏輯相關分析也證實了這一點：缺乏鎂可以解釋壓力情緒；體內鐵過多會導致神經系統缺陷；壞膽固醇會造成血液循環問題；細菌大量繁殖可能會引起泌尿道感染。現在，讓我們把因果關係倒過來看，也就是如果這些元素的波動其實是種結果呢？其實是我們身體的虛弱造成了這種失衡現象！這就解釋了為什麼大多數人都是潛在病原體的健康帶原者，其中只有極少數人會發展成疾病，乳突病毒就是個很好的例子。法國有百分之85的婦女都曾感染過這種病毒，但其中只有百分之0.002的人會發展成子宮癌。為什麼只有五百二十七名法國女性可能罹患癌症，而不是所有三千一百萬名感染這種病毒的女性呢？血液中存在病毒並不一定會引發疾病，究竟為什麼只有少數人會發病？關於這一點，我們也可以提出相同的假設：身體虛弱。

我們反覆生病的另一個原因與飲食有關。如果攝取過多脂肪或過多糖分，不僅會面臨消化不良的風險，還會面臨體重超標甚至罹患糖尿病。在這種情況下，過量飲食似乎是加重病情的因素。那麼，為什麼我們有些人會吃太多？我們吃得比所需的多是什麼原因？會不會是身體為了補償衰弱的生理系統，而從它一定能找到能量的地方汲取能量，也就是含糖、酒精或高脂的食物？

現在來看看人體對痛苦的反應。例如當一個孩子摔倒而擦傷膝蓋；或是一名男子因椎間盤突出引起的坐骨神經劇痛而無法動彈；或是一名女子獲悉親人過世的消息，心頭驟然一凜而無法呼吸，並立即爆發急性溼疹；還有一名女大生考試不及格，導致脊椎和頸部緊繃而引發落枕等等。無論痛苦的起因是什麼，我們都可以發現它引發了身體的疼痛，接下來我們的身體和心靈會發生什麼變化呢？這時，人的心靈開始發揮作用，活絡起來保護我們免受痛苦。它會竭盡全力消除進入身體並導致我們痛苦的疼痛。於是，孩子哭著去找媽媽，媽媽會為他的傷口消毒，纏上繃帶，然後給他一個吻，讓他相信自己已經不痛了。坐骨神經痛的人會去看醫生，醫生會開消炎藥給他。精神科醫生或心理治療師會開導那位失去親人的女子，並開給她治療溼疹的類固醇藥膏。女大生則會求助於物理治療師或整骨師來治療頸部疼痛。

我們能從這些例子中學到什麼?在藥物和治療師的幫助下，我們傳遞給身體的訊息是：「你搞錯了，你並不痛。」然而，跌倒、椎間盤移位、喪親和挫折，卻都是真實發生的事情。

心靈幫助我們逃離有害的環境，卻也矛盾地將我們帶離能夠找到解決辦法的情境。

病痛的訊息

如果我們不再信任自己身體的直覺反應，會有什麼結果？為什麼我們不再留心它傳遞給我們的訊息？從出生開始，我們就被教導將疼痛視為軟弱的象徵，深信表達疼痛是無事生非，因此造成我們在自身感受和處理問題的方式之間，產生了認知失調。換句話說，我們對身體發出的警訊視而不見、充耳不聞，這就有點像電話鈴聲響起，我們甚至在不知道對方是誰的情況下就掛斷電話。說不定病痛就是身體努力想要傳達的訊息？

讓我們一起來解讀身體的訊息。之前提過，如果我們生病，代表身體變得虛弱，容易受到病毒、微生物和細菌的侵害。那為什麼它不能再保護自己了呢？現今人們都已經認識到，化學汙染、煙塵、殺蟲劑和重金屬會擾亂我們的內分泌系統，影響細胞的生長和行為，從而對我們的身體造成相當大的負擔。就個人而言，有可能減少接觸這些汙染嗎？不能（儘管每天身體力行減少環境汙染非常重要）。同理，我們能消滅身邊的微生物、病毒和細菌嗎？也不能。

面對這種情況，我們該如何治癒自己？這就是傳統醫學或替代醫學發揮作用的地方，它們將情緒置於療程的核心：

- 擁有兩千五百多年傳統的中醫學至今歷久不衰，甚至在西方也備受肯定，它證明了痛苦情緒非常容易造成疾病，例如大悲傷肺、大怒傷肝、恐懼傷腎。
- 針灸以氣為基礎，透過看不見的經絡引導其流經身體，同時證明了負面情緒對重要器官的影響。
- EFT（Emotionally Focused Therapy，情緒取向治療）刺激經絡上的某些穴位，同時以口說和正念方式回想過去負面的情緒。
- 催眠可讓人重新審視未消化的情緒，將其轉化為我們想像的正面遭遇。
- 冥想放鬆療法結合呼吸與美妙回憶，幫助我們度過情緒難關。
- 運動療法利用肌肉反射，找出創傷事件相關情緒被身體儲存的確切時刻。
- 虹膜學以虹膜代表整個人體為前提，認為每一種不快情緒都會在眼中留下斑點或痕跡。

- 巴赫（Edward Bach）醫生所研發的花精針對一些主要情緒來控制我們的疾病，像是過度敏感、沮喪、恐懼、孤獨、絕望和過度憂慮等。
- 甚至還有一種整骨療法可以識別傷害我們的情緒，從而透過按壓阻塞點來釋放這些情緒。
- 最後還有芳香療法、指壓療法、EMDR（眼動減敏與歷程更新療法：一種透過眼球運動來治療創傷經驗的方法）、身心療法等，這些療法要能成功的關鍵，都在於找出及管理創傷和惱人的情緒。

身體是情緒波動的容器。身體透過疾病傳達正面信號，告訴我們有能力正視這些問題並加以擺脫。

身體與情緒息息相關

每一種負面情緒，包括胎兒時期的感受，都會對我們的身體產生影響。惱羞、憤怒、遺棄、內疚感、羞辱、羞恥、委屈、悲傷、拒絕、恐懼、背叛……，任何情緒上的傷痛都會在我們的體內形成一個結，阻礙細胞的能量流動。年輕體健的時候，大多數人都有足夠的力量來彌補這種淤塞。但是，隨著汙染、疲勞、壓力和歲月的流逝，身體解決問題的能力也越來越差。

因此，當不愉快的情緒再次觸發最初的情緒傷痛時，我們虛弱的身體就會為疾病的發生留下隱患。當然，為了減輕疼痛和防止病原體擴散，服藥在所難免，但如果想一勞永逸地根除疾病，就必須意識到你的身體正在呼籲你注意尚未解決、甚至尚未意識到的舊傷痛。換句話說，你的身體已經沒有能力獨自處理這個結，它在請求你解決這個問題。

在我的工作坊中，常常會遇到學員告訴我：「問題跟情緒無關，我是真的很痛苦。」請不要倒果為因。負面情緒導致細胞功能失調，使得疾病在體內生根，因此疾病是真實存在的。而且，只要進行身體檢查或生理分析，就可以發現發炎、細菌、病毒或肌肉撕裂的存在。身體透過一種非常具體的疾病來表達它的不舒服。但為什麼不求助於精神醫學、心理學和精神分析呢？這些療法關注的是我們的情緒，我們求助它們來克服精神官能症、戰勝憂鬱、控制壓力、獲得自信、擺脫恐懼症或不愉快的回憶……。然而，我們從不會求助它們來治療身體的疼痛（例如坐骨神經痛或頸部僵硬），而且當出現感冒或腹瀉等症狀時，就更不用說了。這些療法非常有用，但我們卻忽略了它們，因為我們還沒有學會將身體疾病與情緒聯想在一起，殊不知關鍵就在於它們與情緒的關係。

現在來看看世代遺傳的疾病。國際知名心理學家和心理治療師安妮．安瑟琳．舒岑貝格（Anne Ancelin Schützenberger）特別針對癌症患者進行長達二十年的臨床研究。她結合傳統醫學和心理治療，在過程中發現令人驚訝的重複現象。她與一位三十五歲瑞典女子的相遇，對她的研究產生了決定性的影響，當時這位女病患知道自己即將不久人世。女病患的床頭掛著在三十五歲時死於癌症的母親的照片。舒岑貝格提出假設，認為這位年輕女性在無意識中投射自己在母親身上，導致再次經歷她母親的悲慘命運。這種觀點改變了這位病人的人生，同時也改變了研究者的人生。舒岑貝格認為，「意識到重複現象有時足以產生強烈的情感，使人擺脫無意識中家庭忠誠的包袱。」

關於這方面，我還遇過一位視力嚴重衰退的四十多歲婦女，她很擔心自己會像母親和外婆一樣失明。儘管經過深入檢查，結果都沒有發現任何異常。這似乎是遺傳的問題，誰也無能為力。於是她開始接受治療師米歇爾・杜哈梅爾（Michelle Duhamel）的治療，學習所謂的「家庭系統排列」（constellation familiale），這是一種處理隔代衝突的技巧，應用於團體治療。此外，她還對自己的家族譜系進行了廣泛的研究，一切就此豁然開朗！

她驚訝地發現，兩百年前，她的一位女性長輩目睹了拿破崙三世軍隊處決了整個村莊，當時她只有四歲。心靈受創的小女孩無疑希望「永遠不要再看到這一幕」，這就是幫助她擺脫病痛影響的關鍵。永遠不再目睹：這是她傳遞給後代的關鍵情感訊息。之後，這位女病患開始「清理」家族中的情感傷痛，並恢復了視力。

現代醫學也承認，情緒可能是疾病的根源。心理神經免疫學是一個發展迅速的學門，其依據是認為壓力會導致人的免疫系統低下，導致人體容易受到微生物、病毒和細菌的感染。

每一種疾病都在傳達身體的訊息，而這個訊息與情緒傷痛息息相關。因此，努力克服生活中的考驗會對我們的健康產生實質的影響。同理，找出疾病的根源可以幫助我們避開某些難關。

第4章　擺脫疾病的循環

感知身體訊息

疾病是種複雜、多成因的現象，通常與某種不愉快的情緒有關。無論這種情緒的新舊，它都與我們的身體密不可分，在體內形成了一個能量紐結。長期下來，正是這個結導致我們的健康亮起紅燈。能量的阻滯使我們變得脆弱，容易受到微生物、病毒和病症的侵害，而它們或在我們周身蔓延，或已經存在於體內。無論我們做什麼，關鍵是要記住，一旦出現症狀一定要去看醫生，阻止感染、阻斷病毒或緩解疼痛。

此外，這枚能量結也需要解開，清除阻滯才能防止疾病復發。但是該怎麼做呢？你可能會求助於治療師、磁療師、能量治療師或其他治療師。如果疼痛難以忍受（例如溼疹或燒傷），求助這類治療師的幫助很大。但是，僅依賴他們並不夠，還必須找出自己的病因，避免導致疼痛問題捲土重來，或是透過另一種疾病以不同的方式表現出來。

我同意這並非正規的醫療方式，但卻不可或缺。因為當疼痛消失時，身體的警報就會噤聲，我們也不會再試著理解為什麼會感到痛苦。我們誤以為自己已經解脫，但其實導致能量衰竭的原因，會藉由增加疾病對身體的負擔來持續發出警報，因此尋找根源非常重要。

想要長期努力尋求解方，關鍵不僅是求助你認可的治療師，同時要親自參與治療過程，親自找出誘發疾病的原因，這樣才能防止疾病復發。你不曉得自己有多大的能耐！為了說服各位，史懷哲醫生對此有以下看法：「每個病患內心都有專屬自己的醫生，他們不明白這個道理所以求助於我們。只要為每位患者內心的醫生提供機會，讓他投入工作，我們才會有出色的表現。」

生病的時候有一個值得高興的理由：你的身體要你關注某個不快樂的情緒，於是你可以意識到這種情緒並加以擺脫。

找出觸發事件

找到干擾穩定的情緒是解脫的關鍵。可能是哪種類型的情緒呢?旁人的酸言酸語、失望、恐懼、壞消息、喪親、分離、破財或失業、失敗、罪惡感、被劈腿、爭吵、羞愧……，任何危急情況都有可能喚醒我們有時並未察覺到的舊傷口。

請你寫下生病前幾小時、前一天、前一週或前幾個月，所發生令你不愉快的事情。

例如心絞痛。兩天前：與某人發生爭執，無法表達自己的想法，花了一整晚反覆琢磨應該對他說什麼。

一般來說，意識到喪親之痛後立即出現的健康問題很容易，但要意識到在旁人說了一句無傷大雅卻令人不悅的評論之後，自己便罹患感冒、腸胃炎或頸椎疼痛，就沒那麼容易了。那為什麼這些看似微不足道的小事會造成與創傷一樣規模的傷害呢？道理很簡單，因為它們是童年時期多次情感地震的餘波蕩漾。

從現在起，只要感覺到絲毫不適，請立刻做出正確反應，同時尋找讓自己感到不快的原因，並記錄在健康筆記本上。傾聽自己的身體和情緒，就能更容易將症狀（疾病）和誘發因素（負面、昔日和重新被誘發的情緒）連結起來。

有時，疼痛並不明顯，不足以讓人在它一出現時就加以注意。然而當疼痛在接下來的數週加劇時，我們往往會發現自己想不起來疼痛的根源。在有些情況下，疾病是在一系列事件的累積下才出現的，就像以下這則案例。我曾遇過一個健康狀況良好的年輕女孩，有天她去夜店，發現暗戀的男孩和自己的閨密約會，這是第一次情緒衝擊。往後幾天，她接受了一位男性友人的慫恿，開始吸食大麻，藉此遺忘令她難過的夜店事件。但是，沉迷大麻使她荒廢了大學學業，三個月後，她的考試成績慘不忍睹，不明白內情的父母責備她：「你看看我們為了讓你上大學做出多大的犧牲，你卻毫不在乎。你太自私、太不負責任了。」對於父母的失望，這位年輕女大生感到非常內疚，因此引發了第二次情緒衝擊。之後，她無法理解自己為什麼會變得如此之「廢」，憂鬱症便找上門來，這是第三次情緒衝擊。現在她生病了。那晚的夜店事件發生之後，時間流逝，想要釐清病根變得十分困難，想要回溯情緒源頭也不容易，所幸還是有辦法解決。

找出情緒癥結

各位即將體驗回溯情緒的過程！明白引發疾病的情感因素之後，康復的過程就會加速進展。如果找不到情緒傷痛，我請各位提出以下問題，它們會幫助你找出疾病的潛在根源。過程中，請不要有任何顧忌，別在意自己的缺點，誠實寫下你想到的一切。

練習 2

找出觸發事件

1. 諮詢醫生，同時問自己過去是否曾罹患此類疾病。
2. 如果有，請回想一下事發的經過。發病前你遇到了誰？別人跟你說了什麼？以及誰令你不開心？
3. 這件事與你現在的遭遇有關係嗎？
4. 閉上眼睛，想想你的病情。你想到了什麼情緒？恐懼、背叛、悲傷、羞辱、仇恨、拒絕、委屈、罪惡感、憤怒、無力感、遭到遺棄、沮喪……，將它寫下來，因為這就是需要療癒的痛苦情緒。
5. 生病是否帶給你好處？（有時，生病是讓別人照顧你的一種方式，或者這種疾病讓你無需掛心令人焦慮的情況？它是不是讓人將休息合理化的方式？生病是否讓你不必工作？或是讓你有時間待在心愛的人身旁？你是在逃避某種責任，還是在逃避某種讓你感到受困的處境？這是不是一種避免做出決定，或是引起身旁親友關注的方式？）

6. 你是否感到內疚？（是否想對某人說「住手」，或是不想再經歷某種特定情境？）

第5章 疾病的情緒象徵體系

任何療法都不能聲稱是治癒疾病的唯一原因，因為人類是很複雜的生物，疾病的成因涵蓋了許多方面。因此，後面的建議只是眾多假設的一種，還有其他的理解方式，主要是醫學方法。且讓我們回溯可能與疾病有關的痛苦情緒。當無法找到健康問題的根源情緒時，可以參考疾病的象徵意義來獲得線索，這裡有幾本著作提供了常見症狀的解釋：《元醫學：觸手可及的康復之路》（*Métamédecine. La guérison à votre portée*，暫譯），克勞蒂亞・蘭維爾（Claudia Rainville）著；《病痛與疾病大詞典》（*Le Grand Dictionnaire des malaises et des maladies*，暫譯），雅克・馬特爾（Jacques Martel）著；還有《疼痛的隱喻》（*Dis-moi où tu as mal, je te dirai pourquoi*），米歇爾・歐杜爾（Michel Odoul）著。以上只是一些參考文獻，但這些治療師和心理學家都進行了細微的觀察和研究，試圖在各種疾病及對應情緒之間建立關係。這些主張都是以統計數據為基礎——和夢的解析一樣，疾病也可以被解讀——但是之前還是必須諮詢醫生，不能與生物解碼（décodage biologique）混淆，因為後者通常會建議停止一切常規治療。

下面的象徵體系是我與親友或是參加我工作坊的學員，一起驗證過的症狀與情緒之間的相關性。這些對應關係是有條件的，因為它們是根據經驗統計得出，不能看作是絕對的真理；想要將每種疾病與單一的情緒脈絡連結起來是不可能的事情。因此，在這裡我想強調，下面的內容並不是封閉式的診斷，相反地，它是一套幫助各位反思自身狀況的指南，真正的意義在於讓我們心有所感。我們會有睜開眼睛看清內心傷痛的時候，但我們也可能終生對其視而不見。這就是象徵體系可以幫上忙的地方：它有時可以揭開面紗，讓我們看清拒絕面對的事物。

- 當無法接受某種情況、決定或事態時，就會導致過敏現象，而且只要有段時期呼應過去的艱難情況，過敏就可能出現。
- 意外事故、碰撞（瘀血），甚至是輕微骨折（腳趾），反應出來的可能是對未來的恐懼，因為我們想到生活即將發生重大變化。身體上半身（手臂、肩膀、鎖骨、手肘）與工作有關；下半身（腿、腳、臀部、腳踝）則涉及日常生活（家庭、未來、居住地）。它也可能代表自責、內疚，或是我們無法停止明知對自己有害的行為，例如工作、成癮症、拒絕休息，或是沉溺電玩等。

- 耳鳴可能是我們在職場或家庭生活中給自己太多壓力，沒有傾聽自己需求所造成的。
- 心絞痛可能與害怕說太多有關，或是當我們無法約束所說的話語，抑或是因為我們害怕說出感受而遭到他人暴力對待。
- 厭食症可能是一種透過控制飲食來獲得安全感的迫切需求，藉此克服對愛情和生活的強烈失落感。事實上，親人過世、離婚或是對權威人士感到失望，都可能出現這種病症。
- 一般認為骨關節炎、風溼病和關節發炎可能與自尊喪失、一無是處的感受、被迫而非樂於完全按照他人期望行事（因為害怕讓人討厭）有關，或是因為旁人猜不到自己心思而生氣的內疚感。

- 自殘可能是因為覺得自己與身邊的人相比毫無價值，或是覺得自己永遠達不到他人的期望。
- 中風可能是由情緒創傷引起，而這通常與失去（或害怕失去）對自己非常重要的東西有關：失去孩子的監護權、公司破產、告別職場、即將退休、突然被動結束一段感情、被趕出家門、親人突然過世等。
- 任何與胳膊和手有關的問題都可能與行動、工作和害怕採取行動有關，覺得自己因為他人的關係而陷入新的泥淖。手肘疼痛可能與害怕改變方向或改變可能造成的後果有關。肩部劇痛或肩周炎可能是因為無法用言語表達的怨恨或憎惡，或是因為害怕對方、害怕自己會過度反應，也可能是因為對方已經過世、年紀太大或離我們太遠。手腕骨折可能與想要停止我們被迫或我們強迫自己做出的某種行為有關。
- 手腕出現腕隧道疼痛代表我們拒絕執行別人的命令，因為這些命令違背了我們的需要。我們無法反對第三方的決定或裁示；我們真的想這樣做嗎？
- 癌症會影響皮膚、肺、胃等許多器官，因此很難建立一種全面適用的情感關

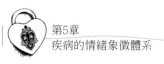

聯，特別是化學汙染、殺蟲劑、內分泌失調和重金屬，都會嚴重影響人體健康。在情感方面，癌症可能代表了某種無力感，對自認有過錯的情況的悔恨，但也可能是某種情感傷痛，或是意識到自己的生活需要在某特定領域進行徹底改變，但你卻拒絕傾聽自己的聲音。巴赫醫生曾被診斷罹患無法治癒的癌症，只剩下兩個月的生命，但他卻活了十六年。他解釋說，癌症發生的原因是「日常生活與內心深處的渴望無法協調」。無意識在告訴我們，要徹底改變生活的某種東西，改變我們的思考方式，改變我們所處的環境，甚至是改變我們理性掛帥的思維。

- 白內障是由於某種令人傷心欲絕的情況，而我們卻拒絕接受，並將這種悲傷隱藏在強烈的憤怒背後。
- 引發便祕的原因可能是想要掌控職場和家庭中的一切，同時拒絕移交權力或休息，或是在言談舉止中隱忍過度。
- 膀胱炎的出現可能是我們的需求沒有獲得尊重，或者感到家人或同事的態度或問題，侵犯了我們的私人領域。

- 未公開的祕密、難以承受的內疚感（因為你做了什麼或別人做了什麼，但你卻三緘其口），或找不到解決辦法的棘手情況，都可能誘發阿茲海默症等退化性疾病，大腦累積的化學物質或重金屬還會加劇病情。
- 牙齒問題可能與害怕無法承擔選擇的後果、害怕無法完成自己設定的任務，或與害怕失去自信有關。劇烈牙痛反映出內心的盛怒，可能與感覺受到愚弄所引發的憤怒有關。
- 當感到自己離不開不喜歡的環境（感情、家庭、職場、友誼），或是擺脫不了造成過多壓力的事件或憂慮時，就會出現腹瀉。
- 背部疾病可能表示渴望保護或支持，或者是給自己施加太重的負擔（工作、經濟、家庭）卻沒有得到感激，或者我們希望先幫助他人再幫助自己，或者是我們害怕讓人不高興，感到內疚，或是意料之外的沉重打擊（從背後襲來）。脊椎側彎可能是因為身陷兩個艱難抉擇之間（例如離婚時該選擇父親還是母親），或在面對過於強大的權威時感覺自己無立足之地。
- 子宮內膜異位可能反映我們害怕孩子會打亂生活，或是童年時大人告訴我們

（並一再告知）生小孩會帶來很多煩惱。也許在潛意識中，我們害怕失去孩子（像曾經流產的母親、姑姑或祖母一樣），或害怕獨自撫養孩子長大（就像家族中曾有慘痛經驗的成員）。

- 癲癇可能代表我們對無法隨心所欲掌握自己的人生感到惱怒，或是我們無法避免不愉快或衝突情況反覆出現。面對這種情況，我們感到自己的生存岌岌可危。
- 發燒的成因可能是受到責備或爭吵後，對某人或自己感到憤怒而引起。
- 膝關節毛病可能是受夠了周圍親友的忠告，聽膩了別人告訴你的良心建議。我們不甘屈從別人的看法，因為我們拒絕承認他們是對的，或是因為從前接受了太多關於態度上的指教。
- 髖關節、坐骨神經或腿部問題可能與新的壓力情境（重要會議、搬家、親人過世、退休、失業、分手）出現後，對未來的不確定感或焦慮有關，也可能與徹底改變人生方向，或與承擔財務或情感風險有關，更常見的是對邁步向前和展望未來的深層恐懼有關。

- 椎間盤突出的原因可能是感覺自己在扛起整個家庭或事業的同時，沒有得到應有的回報或利益；感覺被債務、負擔或沒有成就感的工作壓垮。
- 帶狀皰疹可能是挫敗感，或是感到自己被誤解而引起的。
- 所有皮膚問題（溼疹、紅斑、搔癢）都可能牽涉到孤單的痛苦、覺得自己被拋棄（幼年時無人照顧、離婚、失去親人、有了弟弟或妹妹）、對惱人情況的排斥（無論是否是自己造成），以及對無法幫助別人而感到懊惱的情緒。
- 牛皮癬可能與遭到遺棄的雙重傷痛有關（例如離婚後親人離世，或是被裁員後失去行動能力）。
- 偏頭痛可能是因為一再感到遭受威脅並因此失去安全感。頭痛可能是一種缺乏安全感的表現，代表當事人難以表達創傷、恐懼、焦慮，或是生活在受人控制或屈從狀態下而面臨持續高壓的情況。當感到自己格格不入時，也可能會出現頭痛症狀。
- 肥胖可能涉及一種保護自己不會受到反覆攻擊（羞辱）的保護機制，一種保護自己免受他人或他人慾望傷害的渴望，一種因感覺自己軟弱無能或無法找到立足位置（在童年的家庭中）而產生的羞恥感，也可能牽涉到一種確定自己毫無價值、無力改變現狀或對孤獨的恐懼。糖尿病被認為是因為持續看輕所愛的人（包括看輕自己），同時對所愛的人缺乏感激（有時是因為他們已經過世）而感到悲傷所引起。貪食症則可能是種懲罰自己的方式，因為感到內疚，原因是我們在受到侵害後沒有做出反應（但錯並不在自己）；它也可能是種補償創傷後元氣大傷的方式。

- 腳趾甲倒生可能是內疚，或害怕對未來做出錯誤決定的表現。
- 耳炎可能是不想再聽到讓我們悲傷或憤怒的事情，例如爭吵、批評或責備。
- 靜脈炎可能是煩惱和失望不斷累積的表現，或是寧可拒絕幸福也不願承擔再次失望的風險。
- 嚴重的肺部疾病（支氣管炎、肺炎）可能反映一種灰心喪氣的情緒，一種與內疚（害怕礙事）有關的巨大悲傷，一種無法克服障礙的恐懼，一種在家庭或社會地位遭到質疑的事件發生後，難以平靜看待人生的結果。像是一個覺得自己很礙事的孩子。

- 前列腺病症被認為與對女性或某位女性的負面想法或內疚感有關，或是涉及到男性權威或價值的損害。
- 感冒可能與我們無法理解的情況（家庭、感情、工作）有關，這種情況讓人身陷困惑之中。
- 甲狀腺問題與我們難以向身邊的人表達自己的想法，感覺沒有人傾聽自己的心聲，或害怕在別人面前表現自己有關。
- 失聲被認為是壓抑憤怒、恐懼或悲傷的表現。

從現在起，如果感冒、嗓子啞了、手肘發炎，請別說：「我著涼了」、「我說太多話了」、「我拿了很重的東西」，請直覺地問自己：「前一天或幾天前，我見到了誰？我經歷了什麼？什麼事情讓我心煩意亂？有遭遇什麼情感上的傷痛？」如果因果之間的關係並不明顯，那麼就參考疾病的象徵體系，幫助自己看清身體在表達什麼。有時，能量的中斷會以疾病的形式表現出來，但它們也會以困境的形式出現

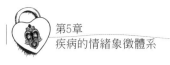

在生活中。有時，疾病和困境會同時發生。

疾病症狀的變化特別能反映內心的情緒狀態。舉個例子來說，我隔壁的年輕鄰居盧卡斯，父母離異，他主要是和母親住在一起。每次去探視父親時，他都會受到父親欺負，因為父親找不到其他方法來折磨自己的前妻。盧卡斯回到母親身邊後，腸胃炎反覆發作，這顯然是對自己無法反抗父親所產生的內疚和憤怒的表現。隨著年紀漸長，盧卡斯逐漸開始挑戰父親的權威，雖然父親不再那麼嚴厲，但還是會不時開玩笑羞辱他。從那以後，每次盧卡斯離開父親的住處都會感冒，這代表了這位年輕人內心極度的困惑，因為他無法理解父親的態度。

還有一個例子可以充分說明情緒與疾病之間的關聯。米歇爾是位六十五歲的繪畫老師，與妻子住在巴黎，女兒們則住在法國南部。冬季期間，他的妻子生平第一次罹患嚴重的支氣管炎；與女兒長期分隔兩地對她的精神造成了很大的影響。於是，女兒們堅持要父母搬到離自己近一點的地方。一切看似順理成章，但是米歇爾絕不可能丟下自己的學生，這時他的膝蓋也開始疼痛。這個症狀的象徵意義是，米歐爾可能不想遷就女兒的看法。米歐爾去看了醫生，安排在秋天進行手術。在幾次往返南法之後，米歐爾被說服了。現在，他感到疼痛的只有髖部，這個部位的疼痛顯示他害怕投入新的環境。到了十月，醫生按照約定準備為他進行膝關節手術，但新的X光片顯示問題已經消失。以正面態度看待每一種病症，並將其視為情緒健康的警鐘，可以為我們省去很多麻煩。

在開始處理自己的情緒和人際關係之前，人體會生成各種疾病來表達不適。看清情緒與症狀之間的關係，是治癒疾病的步驟之一。

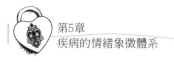

第6章 你和你改變一切的力量

何不啟程探索自己的內在力量？是時候該重新認識你所遺忘的東西：能夠增強細胞免疫力的無形能量。你將重新找回你一直忽略的東西：存在於你體內的無窮力量。

解決方法就在你的內心

從前，你的直覺反應都是把健康問題交給專家來「解決」。當罹患椎間盤突出時，我也毫無例外地求助醫生，他透過核磁共振掃描，診斷出我的脊椎問題。醫生開立了肌肉鬆弛劑和強效消炎藥，同時配合其他藥物來減緩前面兩種藥物的副作用。背部疼痛稍有緩解，讓我在夜晚得以安睡，但是到了白天疼痛仍揮之不去；我無法開車或工作，因為坐姿是不折不扣的折磨。如果當時就不痛了，我肯定不會再深入思索病灶來源，而且可能會在隔年面對疼痛復發。

藥物治療減輕了我的病痛，但我也意識到自己的病痛是種情緒積累至今的表現，它阻礙了身體能量的流動。於是，我求助一位針灸師傳來疏通我的能量淤結。他將針扎入相關部位，疼痛又減輕了許多。兩週後，我去看了磁療師。他的治療真的很有效，疼痛控制在可以忍受的範圍內，於是我按照醫生的建議停止服藥。

由於不適的感覺持續存在（在某種程度上可說是塞翁失馬焉知非福），我決定對背痛的情緒成因進行研究，下定決心要徹底解決這個問題。我諮詢了一位治療師，請他幫我找出背痛的原因，接著持續進行 EFT 治療。這是一種身心靈療法，透過刺激中醫所說的能量經絡來擺脫某些情緒，並在過程中念出與傷痛有關的解脫頌詞。在第四次療程結束時，我的背痛完全消失。最後，在沒有進行手術的情況下，我在兩個月內就擺脫了椎間盤突出的困擾。早上起床，感覺背部沒有阻礙或疼痛讓我欣喜不已，但這與第一次真正聆聽身體傳達訊息的喜悅相比，簡直是小巫見大巫。

我從這次的經驗中學到了什麼？解決方法在於管理身體中的能量以及在 EFT 療

程中說出的話語。我理性至上的思維需要了解這種能量究竟是什麼，以及為什麼與病痛有關的語句能如此有效地消除殘存的疼痛。

在一次與多位物理學家的訪談中，我明白了一切。他們向我解釋，人體是由數以億計的分子組成，一個分子裡還有數個原子，而原子是由百分之 0.0001 的物質（原子核和電子）及百分之 99.9999 的虛無組成。但量子物理學指出，這種虛無其實充滿各種能量和訊息。

原來如此！我們的身體是由比物質多出近百倍的能量和訊息所組成（這是考慮小數點後兩位數的結果，但如果納入小數點後的所有數字，它實際上是一百萬倍）。因此，如果我們只局限在治療人體有形、可見的部分（百分之 0.0001 的物質），而忽略了構成身體百分之 99.9999 的能量和情緒訊息，等於是犯了一個數學上的錯誤。

一旦確診疾病，請求助醫生防止病情惡化。後續要加以根治，就必須服用處方藥，以及／或是透過口說儀式（高訊息量），以及召喚信念力量（高聲表述）的療法和／或練習。因為請別忘記，這些能量和訊息在人體的占比為百分之99，因此非常有效。

身體與能量的關聯

醫生和針灸師侯貝爾．科維西耶（Robert Corvisier）在談到每個人都曾遇過的壓力情況時，非常清楚地和我確認了人體與能量之間的關聯。[3] 當壓力過大時，我們有時會腹瀉，為什麼會如此呢？這位中醫專家解釋，壓力會在體內產生大量的熱。面對突然激增的能量，身體會想盡辦法恢復體溫的平衡，因此會透過消化道排出多餘的熱而導致腹瀉。面對這種不適，我們當然想要避免，然而面對壓力的情況下，這是釋放多餘能量的唯一方法，是一種自發性的緩解反應。

[3] 請參見《針灸治療》（*Soigner avec l'acupuncture*，暫譯），Dunod出版，2017年。

如果嘗試深入探討這種壓力的成因，它可能牽涉到悲傷（影響肺臟）、憤怒（影響肝臟）、約束或擔憂（擾亂胃或脾），或是恐懼（導致腎臟失調）等情緒。因此，如果病痛的源頭因人而異，那麼要所有人使用相同藥物來止瀉行得通嗎？雖然臨床上必須避免患者因此脫水（尤其是兒童），但這種藥物是否能解決壓力問題並預防日後再次腹瀉呢？還有如果我們打斷了身體調節的過程，又將如何釋放多餘的能量呢？

這裡回顧一下我個人的經歷，各位就能有所領悟。二十多年前，我在一間製作公司任職，負責改編國外綜藝節目的創意，主管相關綜藝節目的是位個性潑辣的女強人。只要收視率好，大家就歸功於她的聰明才智；但如果收視率不好，那就是我的錯。所以我每個禮拜都會腹瀉個五、六次。我去看了醫生，想要解決惱人的問題（腹瀉經常在開會期間發作，我甚至一度想把標示電視台所有廁所的地圖紋在身上）。雖然服了止瀉藥，但問題依然存在。後來，就在我離職當天，腹瀉的毛病就剛好消失了。當時的壓力和腹瀉息息相關。

現在，我會採取不同方式，按照之前提到的步驟來進行。我會密切注意身體的反應，先嘗試找出腹瀉與腹瀉原因之間的關聯，然後界定它所涉及的傷痛，並以客觀態度來加以看待，同時努力把這種折磨轉化為經驗。在製作公司任職那段期間，最理想情況是去理解我的主管和我有相同的傷痛，彼此在不知不覺中放下嫌隙互相幫忙，克服靈魂面對的重大挑戰。如此一來，我就會以超然態度來領教她的批評，也不會以辭職來回應她的折磨。只要了解這個過程，我的身體就不會再承受這種壓力，我也不會因此而推升衛生紙廠商的股價。

生病的時候，請轉移注意力，忘掉物質！從本質上來看，我們是由能量和訊息這些無法形容、看不見的東西所組成。我們的身體承載著一種我們從未意識到的力量，從這個角度看待生命，就能幫助身體自癒。

第7章 自癒力

在持續探索的過程中，我發現有時人們在見了治療師之後會神奇地痊癒。原因很簡單，因為這些人相信治療師會治好他們的病。我們當中有多少人在看牙醫或醫生時會說：「我原本很痛，但現在不痛了？」還有一些人一離開醫生的診間，甚至在買藥之前就感覺好多了：「我原本害怕情況很嚴重，但醫生安慰我之後，我竟然感到不痛了。」的確，還有什麼比醫生認為你的狀況良好更讓人感到欣慰的呢？這代表我們有能力幫助自己好起來，證明了人類的心靈擁有非凡力量和自我修復的能力。現在我心裡有些疑問：這個一直在對我們隱瞞真相的心靈會不會成為我們的盟友？為什麼有些人會痊癒，有些人卻不會？如果說這一切都源自於我們的心理狀態呢？

心靈的力量

仔細回想過去的三次經歷，我提出了一個假設。我十七歲的時候，手掌內側長了一個肉瘤，但更小的時候，腳底就曾長出一個很大的肉瘤，至今我都還記得手術後的疼痛。因此，我拒絕再做手術，但手上的肉瘤不斷長大，一年後變得非常難看。

奇怪的是，每當看到凸起的患部，我就會想到內疚這個詞。於是我試著回想它是什麼時候出現的，然後發現就是在我撕破臉與男友分手的那一刻。過了一段時間，我盯著這個醜陋的腫塊，讓直覺引領著我，我說：「聽好了，肉瘤，我知道你在那裡是因為我沒有好好提出分手。是的，我對突然甩了對方感到內疚，但我當時沒有什麼經驗，現在我明白了。我現在要合上我的手，在接下來的三天裡不再注意你。當我再看你的時候，你已經不在了。」於是我強迫自己在接下來的三天裡不再端詳手掌（其實也可以是兩天或四天，這不重要），我甚至成功忘記手上有肉瘤！七十二小時後，當發現手掌裡什麼也沒有時，我真是大吃一驚。這聽起來很不可思議，我承認你必須親身經歷才能相信，但我永遠忘不了發現自己的皮膚恢復光滑時的驚訝情緒。

兩年後，我認識了一名男子，他非常迷人，符合我潛意識裡為自己設定的擇偶標準，問題是我們總是意見分歧。當時我並不知道這其實是非常寶貴的經驗。每次我們吵架，我都會得到膀胱炎。嚴重爭吵後炎症發作，這種現象一再發生，一切都看在我眼裡。我很清楚體認到只要我們爭吵，我的膀胱就會發炎，這顯然與細菌無關，都是心理因素造成的。既然膀胱炎是我和他爭吵的反應，我可以選擇用別的方式來面對我們之間的分歧。於是我高聲起誓：「從今天起，我再也不會得到膀胱炎了。」於是原本很常見的家族疾病，如今只有我一人再也不會被膀胱炎所困擾。

更年期前期的經驗也讓我有了不同的看法。身邊的朋友經常抱怨覺得潮熱、易怒和體重增加，我也有相同症狀。在閱讀各種關於疾病象徵意義的書籍後，我發現這些都是人們認為理所當然的現象，而我所要做的就是下定決心不受它的影響。但是，我的心靈帶著種種疑慮，告訴我這是白費力氣，因為這些不舒服的感覺我已經經歷了好幾個月。這時，我想起過去膀胱炎和肉瘤的經歷，於是鼓起力量和信念，大聲清楚地對自己的身體說：「你很堅強，能夠從逆境中振作起來，所以你也有足夠的力量幫助我擺脫惱人的潮熱、易怒和體重增加。」短短幾天，這些症狀就永遠消失了！

對身體說話

各位應該注意到了，關鍵在於大聲對自己說話。你覺得與自己的身體對話很難？別擔心，其實你早在不知不覺中就這麼做了。你是否曾對自己說過這樣的話：「我受夠了讓人不舒服的背」、「我不知道該拿這雙走不動的腿怎麼辦」、「我受夠了這個大肚子」、「這頭亂髮真煩人」、「我的臉色很難看」、「我不喜歡臉上的皮膚」、「我的手肘痛死了」？其實你正在不知不覺中對身體說話。

在這種情況下，我們很少會想到說：「謝謝你，我的背，我已經找到問題出在哪裡了。」我曾讓一個過胖的人了解，她總是用「他們讓我不爽」這句話批評身旁的人。同樣地，我也曾向一名提起腹瀉和結腸炎問題的男子指出，他總是會在句尾加上「這讓我很火大」。「他們令我作嘔」、「我受夠了」、「我很煩躁」、「他是個討厭鬼」等這些都是在向身體傳遞訊息的說法。請留心你在身體面前的表達方式，從現在開始選擇與身體攜手共進。

為什麼對身體說話的方式會影響復原的過程？運作的原理是什麼？科學家的說明讓我找到了答案。一九九〇年代，醫學生物學家、帕爾馬大學醫學院生理學教授兼神經科學系主任賈科莫．里佐拉蒂（Giacomo Rizzolatti），證明人類大腦中存在「鏡像神經元」。鏡像神經元能讓嬰兒透過模仿，再現他們從未學習過的動作。這些神經元第二個有趣的地方，也是本書中關注的重點，就是這些灰細胞能讓我們的大腦相信想像出來的擬真情境是千真萬確的。舉例來說，如果我喝了一杯水，就會活絡大腦的某些區域；如果我假裝喝了一杯水，確信自己正在吞嚥液體，大腦的同一區域也會被啟動。這同樣適用於看著我並認為我在喝水的旁觀者。他的研究在二〇一〇年得到其他研究人員的證實，顯示鏡像神經元會影響對現實的感知，這代表我們的大腦不會區分確實發生的動作，以及我們單純想像出來的仿真動作。

為了說服各位，大家不妨試試這個實驗：想像有個小鋁球在你的指間滾動，然後你把它放進嘴裡，夾在臼齒之間，接著非常用力地將其咬緊。各位體會到了嗎？你會立刻感覺到一陣顫抖或不舒服，就好像小鋁球真的卡在齒間，但這只是各位的想像而已。更有說服力的一點是，可能你光是閱讀這些文字，就感受到了這種不舒服的感覺。這就是鏡像神經元的威力。

想像某種情況真實發生，會讓大腦真的信以為真。意念的力量因此變得非常重要。別忘了，人體是由百分之 0.0001 的物質和百分之 99.9999 的能量和訊息組成。意念的力量，就是讓原子中的每份能量都接收到以下的明確訊息：「這就是我會好起來的方式。」

練習3

自癒力

1. 你生病了嗎？生病是個了解重要訊息的機會：你的身體透過病症向你傳達

訊息，你必須找出它的意義。

2. 尋找引發疾病的情緒事件。如果找不到答案，就問自己練習2的問題。如果仍找不到答案或想尋找其他線索，請參考第5章疾病的象徵意義。

3. 對自己的身體說話，大聲表達你想要痊癒的念頭，並感謝它傳達的訊息：「謝謝你，我的身體，我已經明白……（請說明疾病名稱）與……（請說明）的傷痛或……的經歷（請說明難過的往事）有關。你可以消除這些症狀，因為我即將進行擺脫疾病的練習」。每天重複這些話，一天進行數次，但過程請保持平常心，直到症狀消失為止。沒有任何限制或禁忌。

4. 最後，請信守承諾，進行後續的練習5、6、7和8。如有需要，請隨時尋求治療師來協助你痊癒。

這四個步驟對我的一位朋友非常有效。有天早上，他起床時牙痛得很厲害，儘管吃了止痛藥，但疼痛並沒有減輕，反而造成噁心反應。根據象徵意義，牙痛可能意味著你覺得無法勝任自己訂立的任務。當時，他正在籌備攝影展。過去兩個星期，他一直在重新檢視那些未入選的老照片，害怕會有遺珠之憾。於是我告訴他，也許他的身體正在傳達一些他自己不願承認的訊息：他害怕這次展覽沒有足夠的展出作品？他很吃驚，但證實了我的看法。接著，我請他對自己的身體表達感謝和安慰。起初，他有些疑慮，但還是同意遵照我的指示，願意為了擺脫病痛嘗試任何事情。他大聲且堅定地表示：「謝謝你，我的身體，讓我感受到這種蔓延全身的感受，擔心這次展覽沒有足夠的優秀作品。我明白你的意思了，你可以消除疼痛。現在我會挑選出優質的相片，這樣我就可以安心了。」道謝之後，他答應身體會改變態度。過了三十分鐘，牙痛就消失了。

關鍵在於信守對身體的承諾，讓身體感到安心。你的身體是你最親密的朋友，如果你能傾聽它發出的訊息，並努力改變你的態度，配合服用藥物，你就會好起來，獲得持久健康的身體。

關鍵在於意念

只要感覺到病痛，無論是每天早上醒來、白天或晚上睡覺前，就對自己的身體說話。在某些情況下，你的意願（意念）會讓疾病立即痊癒，我過去反覆發作的膀胱炎就是如此。當時，我不假思索地以堅定口吻對自己的身體說：「既然這種情況發生在我和男友吵架的時候，那麼疾病就不是病菌引起，我永遠不會再得這種病了。」

有時好轉會需要更多時間，結果可能取決於疾病狀態所牽涉的情緒壓力。

練習 4
強化意念
你很輕鬆就可以強化意念，減輕痛苦，原理是源自薩滿的一種方法：
1. 用鼻子深吸一口氣，想像你正在用疼痛的地方呼氣，就好像空氣流過疼痛的部位並加以淨化。

2. 連續練習至少十次，專注於觀想和呼吸。直到疼痛消失前，別猶豫，繼續重複這個練習，你會發現它很有效！

3. 你也可以運用另一種薩滿方法：想著你喜歡的動物，獅子、大象、老虎、鷹、狼、松鼠等。想像這隻動物只有原子的大小，你用手指夾住它，塞進嘴裡。運用想像力將它帶往你感到疼痛的部位，然後試想它能幫忙做些什麼：舔舐患處消除發炎、舒緩緊張的肌肉、縫合傷口、保持喉嚨溫暖等。它是你的幫手，只要有需要，它就會一直待在你體內。別忘了謝謝它。

這裡舉個例子，如果你坐骨神經痛，可是有一段很長的車程要忍受，你可以對身體說話（像是「我知道我做得太過火了，以至於忘了照顧自己」這樣的話），然後花點時間向疼痛的部位呼氣。注意，這個練習並不像看起來那樣容易！專注呼吸超過十五分鐘是一項相當困難的挑戰，因為你必須防止日常瑣事轉移你的注意力。

同樣地，如果胃痛或頭痛持續了一整天，首先要找出身體向你發出的訊息，然後進行剛才提到的呼吸練習，並且在睡前重複一次。

意念的力量能幫助你重新建立器官和組織的生長機制，它是我們每個人在胚胎階段就存在的機制，每個細胞都會記得它。透過重新啟動這種生命能量，身體組織就能獲得重組，實現自我療癒。

我們的意念是什麼？我們想要康復的願望是否發自內心？它是否被放在其他事項之後？我們是否在拖延健康問題？我們的工作是否比較重要？照顧家人和孩子是否比照顧自己更重要？我們認為生病值得嗎？我們是否準備好解決自己的情緒問題，還是選擇「簡單的做法」，委託治療師或服用藥物來治癒我們的疾病？請誠實問問自己這些問題。

第8章 安撫心靈

從小到大，我們向來習慣把治療自己的重責大任交付給治療師，所以我們的心靈很可能會低聲告訴自己，對身體說話並不是解決問題的方法。該如何擺脫這種執念，確保我們的意念強而有力呢？我們需要向自己理性至上的思維傳遞一則明確的訊息，以防止對失敗的恐懼阻礙我們。我仔細思考了這個問題。對我來說，首先應該做一些正常的、習慣性的事情來緩解症狀，像是服用藥物，看醫生、針灸師或順勢療法專家等。只有在完成了這一步之後，我們才能透過對身體說話，來真正著手處理自己的情緒狀態。

改掉舊習慣

藥物不僅可以用於治療，還可以安撫心靈的恐懼。這個過程有時候也可以透過安慰劑來達成，也就是使用一些沒有療效的物質。以下是個非常具體的例子。某天，我的腋下出現溼疹，除了有點不舒服外，我覺得身體狀況良好，雖然針對前面章節提到的所有問題進行了思索，我仍舊無法理解這個症狀的意義。根據疾病象徵意義，溼疹可能代表分離的痛苦。這個線索令人想起一些不愉快的回憶。我持續進行調查，並研究了腋下的相關資訊，發現溼疹發生在這個位置可能並非毫無意義，因為它涉及到未能充分幫助某人而產生的內疚感。

我立刻熱淚盈眶：我知道我找到了潛在的病因之一。這次溼疹的疼痛感並不強烈，我沒有劇烈的刺痛感，大致都能忍受。我大聲感謝身體讓我注意到過往痛苦的情緒：昔日被遺棄的感覺，以及因為不理解別人希望得到我的幫助而感到內疚。更令人感到安慰的是，我隨後意識到彼時的那位當事人其實是被人操縱了。於是我大聲說，我已經盡力了，我為自己被痛苦蒙蔽雙眼而感到抱歉。然後，我在心裡請求對方原諒。

我意識到自己的心靈可能會妨礙康復過程（當時我很害怕完全依賴意念的力量），於是我使用一種中性物質來完成這個練習。我在患處撒上滑石粉，堅信這樣溼疹就會消失。我每天早晚重複這些步驟，直到溼疹完全消失為止。我至今還記得看到溼疹逐漸消退，並在十二天後發現溼疹完全消失時，那種不可思議的感覺！

最後，我也沒忘記大聲請求那個人的原諒，這是個令人激動的時刻，也為治療畫下圓滿句點。

- 緩解症狀就能安撫心靈；識別情緒，就可以針對病因採取行動。如此一來，就能找出面面俱到的解決方案，避免疾病慢性化。
- 如果是輕微的健康問題，沒有太大的痛苦，也沒有細菌、微生物或病毒擴散的風險，你可以使用某種物質來讓心靈脫鉤，前提是（透過鏡像神經元）將其視為真正有助於康復的物質，讓它發揮像是安慰劑的作用。

當時的溼疹很快就消失了，因為我在溼疹出現時就及時處理。對於存在多年的健康問題，治療過程可能需要更長的時間，這取決於每個人的意念，但最重要的是不要氣餒！

康復的時間

如果在症狀出現後迅速處理，立即尋找症狀背後的意義，就可以增加迅速治癒的機會。如果拖延這些步驟，就會失去將疾病與痛苦情緒連結在一起的優勢，導致延誤康復的時間，就像以下這個例子。

過去一年來，我一位朋友的右腳大拇趾趾甲倒生，令他非常痛苦，服用抗生素情況也沒有好轉，於是他準備動手術。手術前一天，我問他是否想知道身體傳遞的訊息，他出於好奇點點頭。我告訴他，這是因為做了錯誤決定而產生愧疚感。他同意我的看法，表示這與他的家人有關。手術解決了病痛，但他卻忘了處理自己的情緒傷痛。兩個月後，他的左腳又出現趾甲倒生的現象。我鼓勵他去看醫生並服用抗生素，以減輕他對手術失敗的恐懼，然後請他告訴身體說，他已經理解了病痛背後的訊息（對做出錯誤決定的擔心演變為內疚感），還有覆水難收，一切已成定局，他已經盡了最大努力，並期望身體可以在不動手術的情況下痊癒。幾天後，倒生的趾甲就被身體重新吸收了。

當重病來襲時，通常意味著許多徵兆已經出現在我們面前，但我們卻視而不見。不過不必擔心，採取行動永不嫌晚，關鍵是在我們認為沒有效果之前，銘記康復需要時間；我們的細胞必須先自我修復。別忘了，從最初的情緒問題到疾病發作，身體會經歷數天、數週甚至是數年的時間。

為什麼我的溼疹會在特定的時刻出現？卻沒有在因為未能幫助某人而感到內疚的當下發病？我猜想是我當時無法理解其中的訊息，所以身體才選擇在我有能力解決它的時候，讓我經歷這一切。

康復的四個關鍵

1. 你理解疾病背後的訊息，對你的身體說話，感謝它讓你注意到一個再次被觸發的老問題。你找出了最初的痛苦情緒，並要求身體排除疼痛和症狀。大聲向身體解釋你的具體做法（例如我要去找某位治療師、我要落實某個練習），然後透過呼氣方式，想像清理疼痛部位的過程。

2. 此外，請諮詢治療師和／或服用藥物，以放鬆心靈並讓自己感到安心。做一些日常習慣的事情，藉此增加成功的機會。在沒有明顯疼痛或有擴散疑慮的情況下，你可以使用安慰劑（沒有療效的物質），例如滑石粉、水或單純的繃帶，並相信它能發揮作用。

3. 仔細想想身體明顯表露出來的情緒，以及排解這種情緒的方法，以履行你對自己的承諾。這可能涉及到你的生活方式或與他人的關係。要深入探討這個問題，你可以進行 EFT、EMDR、催眠、心理治療等療法，這些可以幫助你找出自己的情感傷痛。

4. 每天重複這些步驟，讓身體有時間慢慢康復。

根據這些原則，如果往後親人的態度引發我們前所未有的不快情緒時，應該怎麼做呢？心悸、憤怒、仇恨、恐懼、羞愧……，這些都可能對我們的身體產生影響。我們能避免身體出現這種功能性障礙嗎？當然可以。主動出擊，再次大聲說出：「謝謝你，我的身體，讓我注意到這些喚起陳年情緒問題的表現。我知道自己和這個人或這種情況有些問題，我需要了解這個嚴重的傷痛。謝謝你給我機會找到問題的根源，讓我能夠放下它，這樣疾病就不會復發了。」信守以上承諾是成功的關鍵。

你現在已經準備好深入修復生命在你心中銘刻的裂痕，並不再無謂地浪費能量，更棒的是，你還會獲得更多能量！

第二篇
發揮你的力量

第9章　重置你的能量

在人生的某些時刻，我們會覺得自己像棉花糖一樣軟弱無力。我們力不從心，雙腿虛弱不堪。面對逆境，我們感到迷惘，無法做出正確的決定或反應。從前，我以為這只是意志力的問題，直到我一位最好的朋友去世，我才真正看清一切。我進行了兩年的研究，想要了解為什麼某些事件——意外事故、喪親、創傷、父母的疏忽、兒時聽到的暴力言語——會讓我們變得虛弱，以至於感到慢性疲倦或覺得無法掌控自己的生活。究竟是哪些機制在起作用呢？

找回你的能量

首先，必須理解自己難以採取行動的原因。為此，我翻閱了精神病學、心理學教科書，也向能量治療師尋求答案。我發現醫學界和替代醫學的論述相同，只是使用不同的術語來表達；兩者存在這麼多相似之處，著實讓人驚訝。舉例來說，我明白受到嚴重傷害時，身體會出於本能自我保護。它會產生腦內啡，一種減輕疼痛的荷爾蒙，避免因過度疼痛而引發心跳停止。面對挫折時（童年搬家、有了新的兄弟姐妹、寵物離世、嚴重爭吵、威脅、爆料、父母缺席而感到如同遭到遺棄、喪親、意外事故、恐懼、騷擾、屢遭羞辱、性侵等），我們的身體為了保護自己，會用相同方式做出反應。它是怎麼做的呢？當痛苦讓我們的心靈難以承受時，心靈的一部分會開始逃避，以免陷入瘋狂，臨床上稱之為「震驚」（身體無法做出反應）和「解離」（感覺自己不再棲居於身體裡，而是像旁觀者在觀察自己）。這兩個心理現象特別可以用來說明在經歷重大挫折的人身上，所觀察到記憶喪失或否認的現象。簡單來說，精神科醫生談及的是「心智逃避」，而能量治療師的說法是「失魂」。兩個不同的措詞，但表達著相同的象徵意義。「靈魂」是一個關鍵詞語。且讓我們擺脫信仰的教條，將靈魂視為我們思維方式、建構自信的基礎，而且它更是身體能量匯流的地方。現在，我們經歷了難以承受的挫折，突然之間一切都遭到剝奪。我們對人生失去了信心，感覺內心空虛，一部分體內能量因突如其來的打擊而流失。

由於人體的構成中，能量和訊息比物質高出九十九倍，因此很容易理解其構成

的一部分會受到這些打擊的影響。體內產生的裂痕導致我們流失生命能量，於是身體會試圖採取行動，重新挹注缺失的部分。你或許能理解為什麼有時會感到精疲力竭，感覺無法如自己所願地過日子。令人振奮的消息是，有辦法可以癒合我們的傷口，找回這些流失的能量。

閱讀這些文字時，你有何感受？是否被某種困擾所淹沒？是否有淚水流過臉頰？你或許剛剛意識到自己對某人難以理解的態度感到迷惘？那麼，有可能是你一部分的靈魂曾經離開身體，為了保護你遠離過大的情感打擊，而此刻你的整個生命渴望變得完整。以下練習不僅僅是重建，它還能讓每個人重新掌握構成身體的所有能量。

靈魂恢復

蘿安・米耶哲（Loan Miège）擁有動物生物學學位，也是靈媒和治療師，她設計了一套非常有效的方案，可以透過靈魂恢復程序重拾身體能量，我非常感謝她。[4]我從這套方案中汲取靈感，並進一步完善，讓它可以適用各種情況。

人體的能量會自然匯聚到胸部中央，即神經叢位置。但受到情緒打擊之後，部分能量會抽離身體，停留在頭部上方，通常靠近左側。我們要將這些移位的能量重新整合到體內。

各位可以牢記後面練習的步驟說明，或用手機錄製下來，按下暫停鍵重複播放這些句子，或是把書本放在一旁閱讀。只有年滿十八歲、積極主動、果斷、成熟且有意願的人，才能執行靈魂恢復練習。這個過程會打開人的意識，如果你為了對方好而強迫一個孩子（或成年人）進行，你其實沒有幫助到他，因為逼迫對方就是在利用他，這反而會消耗他們的能量，與本書的訴求背道而馳。不過也有例外，像是滿十六歲但患有嚴重健康問題的孩子，但前提是他心智成熟而且自願。如果孩子說「不」或「現在不行」，那就表示他還沒有準備好。請放心，你可以試著先修復自己再來幫助他們（不論年齡）。

[4] 著有《邂逅自然之靈》（*À la rencontre des esprits de la nature*，暫譯），Exergue出版，2014年。

我們每個人都曾經歷難關，所以建議各位進行以下的靈魂恢復練習。你必須先完成這項練習，才能讓後面的其他練習發揮作用。

練習5

情緒衝擊後的靈魂恢復

1. 創造一個神聖角落：找一個安靜的地方，點燃焚香或蠟燭，坐在地板或椅子上，體認自己即將經歷一個重要時刻。
2. 從以下清單中召喚兩名最高實體：上帝、耶穌、瑪利亞、耶和華、阿拉、佛陀、象頭神、一位大天使（加百列、米迦勒、拉斐爾、烏列爾等）、宇宙、光明、你的守護天使、光之子等，總共需要兩位。他們必須具有強大力量才能成功抵禦任何阻礙，因此請不要選擇家族的已故親人，即使他們是你的嚮導。這兩名光之子（為了簡單起見，就這麼稱呼吧）站在你身邊，他們是你的見證者，確保練習順利進行。放鬆自己，放鬆背部、頸部和肩膀，用嘴巴深呼吸三次。

3. 睜開或閉上眼睛，想像這兩名（你選擇的）光之子，想像你被他們的愛和仁慈給包圍。如果你無法想像也沒關係，請繼續進行練習，這同樣能發揮效果。

4. 大聲說：「感謝……（你選擇的最高實體）淨化了我靈魂的所有部分，無論是體內還是體外。」

5. 深吸一口氣，然後帶著正念大聲說：「我的靈魂，如果有天你受苦了並選擇逃避，要知道，我的身體能夠再次保護你。」將雙臂高舉過頭，向左或向右傾斜都可以，試著與你流失的能量建立連結（你可能會感覺發熱、刺痛或阻力），接著說：「感謝……（你選擇的最高實體）將我缺失靈魂中的各個部分交到我手裡。」然後重新將雙手舉過頭。

6. 接著說：「我呼喚靈魂的所有部分穩固地安頓在我胸膛中央。」然後，伴隨著你的話語，慢慢放低雙手，將你的能量透過囟門進入頭部，然後是頸部，直到雙手交叉於胸前。接著再說：「我的靈魂，請在信任和愛的氛圍中，重新回到你的位置。」感謝你選擇的光之子，這是相當重要的時刻，因為你剛剛邁出了重要的一步。感受到情緒（悲傷、喜悅、平靜），或身體有感覺（收縮、緊張、疲倦）都是正常現象。

*你可以繼續進行針對能量被盜取的靈魂恢復（練習6）。但是如果感到疲倦，可以停下來休息，在至少兩週內不要再次進行靈魂恢復。

各位可以看到，牢記人生中所有的考驗並非必要，因為我們提到的是「感受痛苦的那一天」。

心理治療師雅克．羅格（Jacques Roques）告訴我，上述練習的另一種形式也運用在心理治療中，被稱為「光之流」（flux lumineux）。[5]在這個方法中，我們召喚來自宇宙的無限能量，它以一種溫暖而有益的色彩從頭頂灌入，擴散全身，並從上到下在體內流動，湧向末梢，最終流向吸收它的大地。

我想起弗朗索瓦—奧利維耶．史蒂芬（François-Olivier Stephan），他是一位醫生、整骨師和順勢療法專家，我在一次研討會上認識了他。當時，他告訴我，他讀過我的書《沉默的傷痛》（*Les Blessures du silence*，暫譯）。我在那本書中介紹了這項練習。他解釋說：「在讀到這個練習的時候，我知道自己缺少了一部分能量，我很肯定。」然後繼續表示：「我熟記了儀式步驟，然後開始練習。但是我停了下來，因為這太奇怪了。當晚睡覺時，我心想也許下次吧……。到了深夜一點，我睡不著，頭腦清楚地完整進行了一次練習。我感覺到一股能量融入身體，有種終於圓滿的喜悅心情。最重要的是，這次靈魂恢復讓我明白自己一直缺少了某些部分，因為進行練習以後，我的慢性疲勞消失了。」

安妮的現身說法也同樣具有說服力：「參加了工作坊後，我開始練習靈魂恢復，結果過去這四天肚子都不痛了，我好開心，十年的宿疾終於痊癒！我有一種感覺，痛苦已經成為過去式。」巴赫醫生曾寫道：「想要身體健康，就必須與靈魂和諧共處。」

5 請參考其著作《EMDR：一場治療革命》（*EMDR : une révolution thérapeutique*，暫譯），Desclée de Brouwer出版，2016年（第二版）。

身體能量的流失會以疲憊或疾病的形式表現出來，同時也可能以心理控制的形式出現。儘管我們充滿善意，但有時還是會受到騷擾而無法擺脫，對於遭到母親的虐待、父親的暴力或近親的變態行為感到震驚。我們可能會將這種狀態定義為憂鬱，即內心產生空虛感，但這並不是因為個性軟弱或行為不得體，而是源於我們的經歷和遭遇。如果周遭的人僅把它視為軟弱的表現，一遍又一遍對我們說「只要開口說停止就好了，這沒那麼難」，認為這是一種對惡的習以為常，甚至認為我們誇大事實，那他們就錯了。所幸我們總是可以採取行動，透過不同的練習擺脫困境。讓我們一起來看看是如何辦到的。

對於曾經遭受騷擾、控制或變態對待的人來說，受到虐待後流失的部分靈魂並不在體外的頭頂上，而是被操控者奪走了。這是偷竊！能量治療師表示，施暴者以我們的軟弱和流失的能量為糧食。精神科醫生則表示這是無意識的「吸血行為」，導致我們受人支配，而控制者可能是父母、配偶、朋友或同事。如果這種暴力（精神或肉體暴力）一再發生，你多半已經流失了很多能量，也許你沒有意識到自己正對食物、酒精、菸和毒品成癮，藉此彌補能量的損失。這種「能量竊取」理論值得注意的地方是可以解釋受害者的態度：一種無能為力的反應，這連他們自己也不明白。為什麼自己遭受暴力卻無法逃跑呢？因為對方擁有我們的部分能量。為什麼自己一再回到明知有害的情感關係裡呢？一樣的道理，因為對方擁有我們的部分能量。我們放不下的不是施暴的人，而是我們光明的那個部分；你無法放下自己。很多人告訴我，他們不明白為什麼在分別十五年之後，自己還在想著對方。這不是愛情或情感依賴的問題。我們與對方連結在一起，是因為對方身上有我們的一部分。對曾經遭受父母虐待的人來說，這種靈魂的喪失也會發生，因為他們無法離開被父親或母親沒收的那部分靈魂。當對方「控制」你的時候，你的能量就被竊取了。但幸運的是，你可以找回失去的能量，擺脫這種不健康的支配關係。

人們普遍認為，只要單純意識到問題，並搭配提升自尊的技巧，就足以讓人擺脫控制或騷擾。但在大多數情況下，這並不正確，因為你已經被洗腦了，這就是所謂的悖論命令：對方將責備偽裝在讚美的背後（這衣服真好看，可惜你沒有胸部），或是態度前後不一（快點動起來，你為什麼這麼廢；好歹休息一下，看看你那副德行），藉此擾亂我們。對於我見過的數百名受害者，只要他們意識到對方偷走了他們的部分能量，控制過程就開始瓦解了。

《沉默的傷痛》出版後，我多次獲邀進行演講。在某次的演講中，有位男士發言，表示不明白為什麼九歲的兒子會在學校受到欺凌。有人告訴他，這種情況代表孩子身邊有人在操控他，但這位爸爸不知道是誰。於是我問他，他兒子是否在某次創傷中可能失去了一部分靈魂。接著，他才告訴我他和妻子曾發生一次非常嚴重的意外，當時他們的兒子只有六歲，以為爸媽都死了。這時，男子告訴我說，確實是從那次意外發生之後，他的兒子才開始受到騷擾。」

心理學家和心理治療師派翠西亞．塞林（Patricia Serin）透過比喻來說明這一點。各位可以將自己想像成一棵樹，想像一場磨難在樹皮上造成了傷口。樹幹上形成的破口受到操縱者和騷擾者覬覦，他們會從這個缺口鑽進去控制我們。他們不僅愛上我們，也被我們身上湧出生命能量的傷口所吸引。這就說明了為什麼在被人操縱之後，有時我們總是會一再遇上同類型的操縱者。其實我們並不笨，也不是受虐狂。能量可以用來解釋這種現象。通常，受害者都是美麗、聰明、有愛心的人。操縱者透過削弱對方，吸取他們失去的能量，來填滿自身的空虛，因為他們也曾經受到創傷或是受害者。

如果你正受到騷擾，或是這種情況曾經發生過，這無疑表示你已經因為挫折、遭人利用、虐待、抱怨、無休止的批評（抑鬱、憤怒）或遭到第三方或親人控制，而失去了一些能量；操縱者能夠發現你身上的破口。在這種情況下，請務必先進行練習5，然後針對涉及的對象進行練習6。這些練習只適用於成年人，因為他們有能力清楚判斷時機是否合適。對於兒童，請優先尋求心理治療師協助處理情緒，如果是接受過 EFT 或 EMDR 相關培訓的心理治療師，那就更好了。

提醒各位，無論是在世者或往生者，都同樣適用練習6。如果你不想一個人進行，可以找一個你信任的人，請他念出練習的步驟，方便你跟著大聲複誦。你也可以請一位認同這種療法的治療師來幫助你。「我想進行這個練習，你能協助我嗎？」許多醫生、心理治療師和催眠治療師告訴我，他們在治療病患時使用了這種方法，而且效果很好。

這個練習是如何運作的？原理是進行一種「交換」，好讓我們找回失去的部分靈魂。換句話說，目的是讓對方歸還他從我們身上偷走的東西，然後幫助他取回別人從他身上拿走的東西。透過這種交換，就能擺脫摧殘我們的權力鬥爭。對於那些滿懷怨恨的人，請記住你們這樣做並不是為了幫助那位施暴者，而是因為這是唯一能讓對方歸還屬於你的東西的方法。

練習6

能量遭竊後的靈魂恢復

這個練習採單獨進行（不與對方接觸），每次只涉及一個對象。請務必在感覺疲倦之前停下來。在連續完成兩到三次的靈魂恢復之後，至少要休息兩週，再進行新一輪的練習，否則身體將沒有時間吸收這些能量。

千萬不要對你的孩子進行靈魂恢復。

如果孩子對你態度不佳，那是因為他失去了能量，尤其是面對父母爭吵、離婚，或是家庭、學校、情感方面的困擾。他藉由擾亂你來吸取你的能量，以彌補自己損失的能量。他並非故意，他才是受害者。為了取回你的能量並幫助他恢復能量（停止他不友善的態度），請分別針對每個擾亂你的對象進行靈魂恢復（孩子除外）。你進行的越多，對他就越有幫助。你唯一可以與孩子進行的練習是練習7，藉此恢復親子間的祥和。

只有年滿十八歲、積極、果斷、成熟和自願的人，才能進行靈魂恢復練習。因為這個過程會開啟意識，如果你為了對方好而強迫一個孩子（或成人）實行這個練習，你其實沒有幫助到他，而且恰恰相反。強迫他無疑是在利用他，這會消耗他的能量，反而會適得其反。十六歲以上且有嚴重健康問題的孩子則不在此限，但仍必須是在他成熟且自願的情況下。我再次強調，如果孩子說「不」或「現在不行」，那就代表他還沒準備好。不過請放心，各位還是可以透過修復自己來幫助他（無論孩子的年紀多大）。

1. 坐在一張椅子上，將另一張椅子放在面前，意識到你即將經歷的重要時刻。你的意念強弱會影響練習效果。

2. 創造一個神聖空間，放鬆身心，從以下清單中召喚兩名最高實體：上帝、耶穌、瑪利亞、耶和華、阿拉、佛陀、象頭神、一位大天使（加百列、米迦勒、拉斐爾、烏列爾等）、宇宙、光明、你的守護天使、光之子等，總共需要兩位。他們必須具有強大力量才能成功抵禦任何阻礙，因此請不要選擇家族的已故親人，即使他們是你的嚮導。這兩名光之子（為了簡單起見，就這麼稱呼吧）站在你身邊，確保練習順利進行。睜開或閉上眼睛，想像這兩名（你選擇的）光之子，想像你被他們的愛和仁慈給包圍。如果你無法想像也沒關係，請繼續進行練習，這一樣能發揮效果。

3. 大聲說：「感謝……（你選擇的最高實體）在這次靈魂恢復中協助我，與……（一再擾亂你的那個人的名字）進行一次交換的靈魂恢復」。

4. 請堅定地說：「感謝……（你選擇的最高實體）命令……（某某某）坐在我面前。」

5. 現在，告訴他你內心的想法。所有說出口的話就像潑出去的水，請放寬心：「當你對我做了……，我非常難過……。」

6. 然後深吸一口氣，以堅定的意念大聲說出：「感謝……（你選擇的最高實體）命令……（某某某）將他此生和其他所有生命中從我身上奪走的所有能量歸還給我。」

7. 張開雙臂，試著想像你們之間有一個巨大光球，然後抓住它。試著感受雙手之間的感覺、刺痛或阻力（兩手之間的距離取決於你要恢復能量的大小）。即使你無法想像，練習仍然有效。

8. 保持雙手張開（就像握著能量球一樣），然後說：「感謝……（你選擇的最高實體）將……（某某某）從我身上取走的所有能量放回我手中，並完全加以淨化。」想像它是一片耀眼的白色（如果你看不見任何東西，練習仍然有效）。如果你有孩子，請加上：「如果我不自知地從孩子（說出他們的名字）身上吸取了能量，我將把這個部分還給他們，同時取回……（某某某）從我身上取走的能量。」

9. 慢慢將雙手帶回胸前，就像將一個巨大的球壓在胸口，使其進入胸腔的凹陷處。花點時間觀想這一刻，然後說：「我接納我的靈魂，將它們保存在我體內。」

10. 接著說：「感謝……（你選擇的最高實體）讓……（某某某）恢復其他人（如果你認為你也從他那裡取走了能量，可以加上「包括我在內」）從他那裡取走的能量。」為避免恢復的能量再次流失，請加上說：「在……（你選擇的最高實體）的見證下，我命令……（某某某）在這一生以及其他所有生命中和我之間的痛苦連結（以及所有相關的不堪回憶）都被切斷，只留下和平的連結。」你和他之間存在著多種連結，其中一個是痛苦連結。切斷它。如果你擅長想像事物，你甚至可以用手指模仿剪刀，象徵性地在面前剪斷這種痛苦的連結。

11. 繼續與另一個從你身上吸取能量的人進行練習。最多三人，依次進行。如果第一次的能量恢復讓你的情緒起伏很大，而且你感到疲憊，那麼做一次就好，然後休息至少兩週，再進行新一輪的靈魂恢復。

12. 感謝你選擇的最高實體和你自己。接納這股新能量，好好休息並照顧自己。

把這個時刻視為實現自我的重要一步。

請注意，這個練習是在對方不在場的情況下進行，而且對已經過世的人也非常有效。在先前所提鏡像神經元的幫助下，僅是想像對方坐在你面前就能讓大腦認為對方真實存在。如果你不知道這位「施暴者」的名字或外貌（例如事件發生時你還是小孩子，或者你在兩個對象之間猶豫不決），可以按照以下方式調整練習：在第4、6、8、10步驟中說：「曾經對我做過……（清楚交代事件）的那個人。」

請隨時運用這個方法來處理所有曾從你身上取走能量的人，先從身邊一再困擾你的人開始，可能是父親、母親、兄弟，然後再接著處理感情、友誼或職場關係。如果你對某段關係感到困惑，相信你的直覺感受是很重要的一點。如果你對對方的行為或沉默感到困惑，這表示你已經因為這段關係失去了部分能量，請進行這個練習。每次能量回收的感受不同是很正常的現象。在將能量球拉回自己身邊時，感覺也會有所不同。最後，你可以連續針對所有涉入其中的對象來進行，或一次只針對一個人來進行，選擇權在你。

如果你感到疲憊，或者身體在晚上或晨醒時出現輕微不適，請不要擔心，因為練習改變了你的整體能量，而身體需要在擺脫多年來所依賴的拐杖後重新找回平衡。外出散步，走入大自然，泡澡，早點就寢，欣賞美好的事物，笑口常開，感謝生命。

這些模糊的感覺只是暫時的，一切都會恢復正常，請放心。如果你在隔天晚上睡得不好，代表這個練習重新喚起了一些痛苦回憶，必須加以排解。強烈建議繼續進行重建過程，接受短期治療，例如EFT、EMDR、催眠等，幾次療程之後就可以幫助紓解痛苦的情緒。換句話說，如果能在練習之餘配合治療，就能真的完全擺脫困擾。

請務必對每一個讓你煩惱的人重複進行這個練習。因為第一次嘗試的時候，你可能詞窮，得照著書本念出來，有時支支吾吾，或是你表達的方式不夠堅定。但第二次、兩週到一個月之後（讓你的身體習慣這個過程），你會更熟悉這個練習，做起來更加得心應手。到了第三次，你就會熟記於心，意念也更加強烈，這無疑會對你的生活產生正面影響。另外，請別忘記傾聽自己的感受。在長時間多次實踐這些練習之後，你會因為解脫而欣喜。

下面的例子說明了重複這些儀式的好處。一位年輕女子從小就受到兄弟的騷擾，有一天她跟我分享練習的過程。她第一次進行這個練習後，她兄弟就不再寄送蠻橫不講理的電子郵件。第二次練習後，她的恐懼消失了，手足之間終於能夠正常面對面交談。第三次之後，兄弟向她道歉。這位女子還表示：「事情正逐漸和緩下來，這個在無形中發揮作用的強大練習直接影響了物質和關係，幾乎可以說是個奇蹟。」

能量「交換」的過程也可能改變「能量小偷」，這取決於他自己的「進化」歷程。如果他已經與治療師一同努力改善自己的缺陷，他接收的部分靈魂可能足以讓他意識到自身不良的態度。對於自戀患者而言，這種情況很少見，但我也聽聞過幾個正面案例，有必要在這裡加以強調，因為我們常說這些人無可救藥。一般來說，一個人會從另一個人身上吸取能量，是因為他年幼時有人曾吸取他的能量。這個過程會按照補償模式持續進行。例如父母會從孩子身上吸取能量來填補自己的不足，因為他們自己也曾被人剝奪能量。父母可以吸取孩子的能量，但不一定是自戀患者。只要他們曾經遭受過巨大挫折，並且抱持吸取能量的態度（如溺愛、羞辱或不停地批評），就有可能發生能量竊取。進行這個練習就是要打斷這個過程並修復親子關係。

同時請牢記，如果在你完成靈魂恢復後的一段時間內，又出現與你曾被人操控相關的低落情緒，代表仍有一些小碎片需要收回。在這種情況下，請針對當事人重新進行練習。最後，你將會獲得平靜，恐懼也會消失。我收到過很多人的現身說法，表示自己的內心不再感到空虛。這可能具體表現在許多地方，好比說有些人不會再感到永遠吃不飽，還有許多人很高興終於能夠安然入睡。完整的自己意味著找回真實的自我，重拾全部的力量。當你重新掌控自己的人生時，你將會感到十分驚訝。

是時候走出父母和祖先遺留下來的磨難了。接下來的步驟對於找回平靜十分重要，它改變了我的生活。

第10章 你的情感遺產

我們之前提到了世代之間的重複輪迴。例如如果我們的祖母失去了母親，我們和母親相處不融洽是很常見的事情；或如果我們的祖父曾經破產，我們經營的企業就可能遇到困難；如果我們的母親曾受暴力對待，我們與男性的相處就可能出現問題；如果我們的一位阿姨抱怨獨自撫養孩子的辛苦，我們就可能會很難懷孕；或者如果我們的名字是以一位曾經擔任牧師的祖叔所命名，就可能很難找到對象。當然，並非所有的挫折都與我們的祖先有關，但如果我們盡了最大努力去達成目標，卻莫名其妙地一再失敗，這可能與「細胞記憶」有關，心理遺傳學稱之為「代際重擔」。家族的情感遺產可能對現在的我們造成困擾，這種觀點其實由來已久。將近一百年前，佛洛伊德提到「一種代代相傳的情感，與一個人沒有意識到且已經忘記的過錯有關。」[6]榮格、馮絲瓦茲．多爾多（Françoise Dolto）和雅各布．利維．莫雷諾（Jacob Levy Moreno）特別提到了那些心裡話和祕密，它們形成一種看不見的效忠心態，迫使我們償還祖先的債。之前提過的心理學家舒岑貝格，也曾在尼斯大學的社會與臨床心理學實驗室，花了二十年的時間，研究世代之間相互影響的問題。[7]

留意與過去的連結

人類會繼承身體特徵（捲髮、綠眼珠等），同樣地，我們似乎也會繼承祖先未能解決的困境。事實上，只要仔細觀察家族歷史，我們往往會發現世代之間的相似之處。為了避免這些模式一再出現，我們必須清空情感記憶，同時清除與過去的連結。雖然實現這個目標的多數方法都需要治療師、第三方或團體的參與，但我想提供一種每個人都可以在生活中隨時隨地獨自進行的方式。

二〇一四年，我在不到十八個月的時間內為法國M6電視台拍攝了六部影片，

---

❻《圖騰與禁忌》（*In Totem et Tabou*，暫譯），Payot出版，2021年

❼ 請參見其著作《哎喲，我的老祖宗！》（*Aïe, mes aïeux !*，暫譯），Desclée De Brouwer出版，2015年。

但我很不開心，因為沒有人提到這些影片。我覺得自己被人忽視，覺得自己沒有受到肯定。

該如何解釋這個問題？我試圖找出家族中誰曾遇過職業認同的問題。我第一個想到了我的姑姑。她是一位修女也從事寫作，父母給我取了她的名字當中間名，但是我和她的相似之處似乎僅止於此，因為無論是在法國還是在海外的教會圈，包括加拿大、西班牙和巴西，她的作品都備受肯定。

我其實搞錯了對象。我一直在尋找工作上的相似之處，但我真正該做的是把注意力放大到缺乏認可這件事。我持續進行調查。二〇一五年六月，一位朋友的一句話幫助我了解自己從祖母那裡繼承了一筆情感負擔：她為家庭、鄰居、教區、村莊付出了許多，卻沒有人談論她。但我很難想像，這位慷慨大方、從不抱怨的女人，會把這份痛苦的遺產遺留給我。後來我才明白，這份遺產的傳承非她所願。

我該如何走出困境？二〇一五年九月，另一位朋友推薦我諮詢室內設計師和靈媒尚皮耶・赫爾曼斯（Jean-Pierre Hermans），直覺告訴我他能夠幫助我。我沒有絲毫猶豫。在電話裡，我告訴他我的問題，他立刻告訴我一個清除痛苦連結的練習。

我在這裡再次向他致上謝意。當天晚上，我瞞著所有人，針對過世十一年的祖母進行了這個練習。第二天，我發現剛剛採訪過我丈夫的電台主持人邀請我上節目，我非常驚訝。媒體並沒有改變他們對我作品的看法，但我剛剛擺脫了一個不屬於我的傷痛！

每當出現無法解釋的阻礙時，我就持續探索這些跨世代的連結。因此，多年來我對這些遺產的認識不斷加深。最近，我再次將赫爾曼斯的練習運用在我的祖父身上，發現我和他所遭遇的挫折有些相似之處。有關擺脫代際遺產的練習將在下一章說明。

花點時間回想家族遭遇的困難，並與我們自己的困境進行比較。理解到生命是個永無止境的循環，有時會跨越世代，對我們的子女和子孫產生影響，這一點確實令人感到不安。父母當然不希望將自己的傷痛傳給後代——其實他們往往沒有意識到這一點——但請記住，我們的靈魂選擇了他們來幫助我們克服困難。請重視家人，他們能夠幫助我們不再受到自己所選擇傷痛的影響。如此一來，我們就能深化對親緣的認識，這是我們一生的功課，直到找到平靜為止。因此，沒有必要責怪家人把磨難遺傳給我們，他們當時並沒有你即將獲得的工具。

其實，要了解這些遺產並不難，只需付出心力深入挖掘自己的家族史。你需要做的是付出一些努力，懷想每一個家族成員。但有時我們的思想會掩蓋真相，讓我們無法看到一再重複的輪迴。在這種情況下，不要猶豫，請治療師（專門研究跨世代問題的心理學家或透過家族系統排列）來協助你。

下面這個例子有助於了解情感淨化的重要性。我的朋友克勞蒂抱怨自己總是愛上不合適的男人。第一位是醫生，他把時間都花在工作上；第二位是有婦之夫，她一直希望對方能為了她離開妻子，但他始終沒有動作；第三位是藝術家，經常到處旅行，不願意認真交往；此後的幾位對象也都是已婚男人。此外，克勞蒂還患有子宮內膜異位，根據疾病的象徵意義，子宮內膜異位代表對孩子會破壞夫妻關係或擾亂日常生活的恐懼。她告訴我，她的母親從未愛過自己的丈夫（克勞蒂的父親），她真正瘋狂愛上的另有其人，而且曾經與父親最好的朋友偷情來讓他嫉妒。當發現自己懷孕後，她才不情願地與克勞蒂的父親在一起。日復一日，母親陷入了一種病態的宿命想法：「這不是我想要的人生，問題都是因為這次懷孕，我更希望自己一個人。」不知不覺中，她把傷痛傳給了女兒。克勞蒂沒有孩子，交往關係也不持久，她可以說是實現了母親的「夢想」。她的身體（透過子宮內膜異位）告訴她，她可以擺脫這種不屬於自己的情感模式。

有時，這種傳承很難辨識。艾瑪是我工作坊的一位學員，她的身體不好，有呼吸道問題（氣喘）。當我提出世代間這些看不見的連結時，她驚訝發現自己的中間名蘇菲就是她教母的名字，而這位教母一直飽受嚴重肺炎、氣喘和慢性支氣管炎的折磨。

祕密的隱憂

每個家庭都有祕密。有時，它們被埋藏了數個世代，因為我們害怕它們會破壞平衡。因此，常常有人問我是否有必要將這些祕密曝光。保持沉默是因為我們相信這麼做可以保護親人，尤其是我們的孩子。我們保持沉默是為了避免羞恥，不願解釋我們撒了謊，因為我們害怕讓人失望，因為我們不知道如何開誠布公，或是因為我們可能已經承諾了要保持沉默。然而，祕密很可能會影響我們或我們後代的生活。了解祖先的過去，以及那些與我們同名或與我們有特殊連結的人（教父、教母）的過去，就是給自己一個理解困境的機會。很多時候，一個難以啟齒的祕密在多年後就不再那麼令人感到羞恥了，最重要的是坦誠說出心裡的話，例如「人生在世會經歷許多困難，犯錯在所難免。」說出那位做出可恥行徑的人可能在犯錯之前吃了很多苦頭，等於是認可他們有犯錯的權利。如果孩子看到我們在批判別人，他們就會知道自己也會遭受批判，而不願分享自己的祕密。

這就是為什麼觀察我們父母與他們自己的父母，以及兄弟姐妹之間的關係，然後觀察自己與家人之間的關係，可以幫助我們深入這種情感遺產。現在請各位提出這些問題：你是否與家人斷絕了聯繫？你是否經常評判他人？你是否嫉妒兄弟姐妹？你是否與父母疏遠？你是否掩蓋問題，而不是尋求解決之道？這等於是冒著風險，看著自己的孩子重蹈我們的覆轍。難道你不希望自己的錯誤獲得原諒？如果我們能夠幫助自己的父母那該有多好？

此外，如果認為父母當中的一位造成了我們的不幸，我們可能就會跟與其同性別的人發生衝突。透過緩和這種關係，透過「解毒」父親或母親所經歷或和他們共同經歷的情感傷痛，就是給自己一個機會，為人生中一再輪迴的不幸劃下句點。

如果無法向親人說出令你傷痛的事件，可以寫一封信，把它放在大家都可以取得的地方，同時明確表示凡是想要了解的人都可以打開閱讀，但目前你還沒有準備好回答問題，不過總有一天會有討論的機會。這種做法可以避免創傷在我們的後代身上重演。

有時，即使不是故意，父母也可能讓我們經歷他們在童年時所遭受的磨難。這當然不是出於惡意，而是源於代際重擔。關於這一點，我要分享一個不尋常的故事：二十世紀初期，一位造船商被調派到塞內加爾的達卡，他的妻子剛生下一個小女嬰瑪德琳。妻子跟隨丈夫前往非洲，但擔心女嬰會染上疾病，於是把孩子託付給位在敦克爾克的外婆。瑪德琳非常痛苦，因為她十年後才見到返回法國的父母。第二次世界大戰爆發時，瑪德琳已經結婚並育有三個女兒。為了逃避德軍入侵，夫婦倆帶著他們的長女前往南方，由長女負責照顧剛出生的小女兒，但是卻把調皮的二女兒克萊兒留給外婆照顧，造成她受到嚴重創傷。究竟為什麼瑪德琳沒有意識到，自己正讓女兒經歷她曾遭遇過的磨難呢？

請各位銘記，只要傷痛（故事中涉及的是遺棄）未被治癒，它就會一再復發，而且家族的某個成員會再次經歷它。如果克萊兒繼續責怪母親，卻不明白自己正在重演外婆的經歷（而外婆沒有擺脫這個傷痛的鑰匙），這種被遺棄的傷痛可能會在她的子女身上重演，讓孩子覺得遭到遺棄，或者也可能發生在她的一位孫兒或侄子身上，直到有人擺脫它為止，幫助整個家族因此解脫。克萊兒可以合理認為自己是三個女兒中最不受喜愛的一個，因為父母讓她獨自面對這種創傷，但是請別忘記，我們選擇了父母是為了迎接幫助靈魂療癒的試煉。尋求自我修復和克服艱難險阻就是我們此生追求的目標，我們有必要怪罪父母嗎？我們的兄弟姐妹有必要為了我們沒有得到的東西負責嗎？難道不是我們的靈魂選擇了和他們成為一家人嗎？

事件的重演，往往會找上最堅強或最有能力治癒傷痛的孩子。

不要再自責於遲遲沒有用善意目光看待父母和親人，不久前我們還不知道靈魂面臨什麼挑戰，現在，就讓我們重獲自由吧。

第11章　終於重獲自由

透過以下練習，可幫助你擺脫代際遺產。你可以和以下對象進行：

- 往生者（包括寵物），他們的離世令你非常難過。
- 家族中非常善良的成員，無論是在世還是已故，你可能從他們那裡繼承了考驗、健康問題或情感傷痛。
- 家族中一再生病而「制約」你信念的人（如「男人五十五歲就會死」、「女人會得癌症」等）。
- 與你有過衝突或誤解，而你希望和其釐清關係或不再為此困擾的對象。
- 你的子女，如果你想要改善親子關係的話。

如果某人（有時並非故意）取走了你的能量，就像父母遭受磨難時令你感到困擾，練習7是不夠的，請改採練習6加上練習8的方法。

我自己的經驗是在清理與祖母的連結之後，工作上的壓力就消失了。我也將這個方法應用在與我同名的姑姑身上，以免承受她的情感挫折。同樣地，我也運用這個方法處理與父母的關係，避免某些考驗或傷痛的輪迴。我多次將其運用在和我不睦的人身上，其中大多數的關係都得到非常正面的進展。即使是那些很難溝通的人，自從進行練習之後，我發現這些情況和痛苦回憶發生的次數都明顯減少，這真的讓人如釋重負。

清理你的痛苦連結

練習7是唯一一個可以與孩子一起進行的練習，目的在於改善彼此之間的關係。如有需要，孩子也可以與父母當中的一位進行此步驟，前提是他能理解其中的意義並有動力、成熟且自願。

你可以牢記練習的步驟，或是將其錄製在手機裡，隨時暫停來複誦這些句子，或是將書放在身邊隨時查閱。

練習7

擺脫情感遺產

本練習要能發揮效果，必須先與所有可能使你失去能量的人進行練習5（遭遇打擊後的靈魂恢復）和練習6（能量遭竊後的靈魂恢復）。請花時間再次閱讀第9章的全部內容。

1. 選擇一個安靜的地方，坐在一張椅子上，並在面前放上另一張椅子。召喚你的光之子，這兩個在你身邊的最高實體是為了確保練習順利進行（參見練習5的步驟二）。睜開或閉上眼睛，想像你被他們的存在、愛和善意給包圍。如果你無法想像也沒關係，請繼續下去，這一樣能發揮效果。
2. 召喚與你有過爭執的人或你不想再承擔其情感考驗的人，想像他們坐在你面前，大聲說：「感謝……（你選擇的最高實體）邀請……（某某某）坐在我面前。」
3. 現在，大聲告訴他你心中的感受。如果對方是一隻動物，或是你不太認識或一直很關心你的家庭成員，告訴他：「我對你毫無怨言，我非常愛你；你在這裡是因為我想解脫情感傷痛。」如果是針對情感遺產，繼續說：「你的……傷痛（具體說明）和你的……考驗（具體說明）在我的生命中一再上演……（具體說明情況）。這是你的考驗和傷痛；我會盡我所能地釋放它們，就像你會盡力釋放自己一樣。釋放你的重擔，你就能幫助我。」例如「你情路坎坷，沒有從事你夢想的職業，你的兄弟偷走了你的遺產，你把這些都當作是委屈，而我在感情生活中也經歷了委屈。這個考驗和委屈已經結束，它們屬於你，我會盡我所能地釋放它們，就像你會盡力釋放自己一樣。」如果對象是令你難過的往生者，說出：「你的離世讓我感到痛苦，請前往光明以獲得平靜，並幫助我感受到平靜。」

4. 保持沉默。你所有的思緒都是對方的回應：你感到感激，一種感謝之情讓你淚流滿面。等到再也沒有思緒湧現時，表示對方已經完成。如果沒有任何思緒湧現，代表對方同意你的話。

5. 然後大聲說：「你聽到我了，我也聽到你了。在……見證人面前（說出你選擇的最高實體），我請求在我和……（某某某）之間的痛苦連結（以及屬於你的情感遺產）得到徹底的清理和釋放，擺脫所有痛苦，無論是在這一生還是在其他生命中，只留下愛的連結。」

諾貝爾化學獎與和平獎得主萊納斯．鮑林（Linus Pauling）曾說：「生命不是分子，而是分子之間的連結。」有了這個認識，我們就更能理解為什麼家族成員，即使是遠房親戚，也可能對我們的健康產生影響，就像是下面這個例子。奈莉是一位護士，同事中有人剛產下正在接受手術治療幽門狹窄（會將喝下的東西吐出來）的嬰孩。奈莉告訴我：「參加你的工作坊後，我想到家族連結的影響，於是我問她在家族中是否有人遇過這個問題。她告訴我，她的叔叔也曾有同樣的情況。所以我鼓起勇氣，告訴她要告訴她的寶寶，這不是他的問題，他應該相信自己，因為他可以擺脫病痛。她聽從了我的建議。今天晚上，孩子狀態良好，他喝了奶而且沒有嘔吐，看起來很平靜。這讓我非常感動，因為就在昨天早上，我還沒能看清事情的原委。」

切斷你的有毒連結

我人生中曾有一段不堪的往事。多年前，我認識的一個男人攻擊我的家人，破壞了我們早已不堪一擊的平衡。他因為失戀而懷恨在心，各種行徑讓我痛苦不堪。當然，他表示一切都是我的錯。我在憎恨與報復的念頭之間搖擺不定。當時，我完全沒有想過要清理與他之間的痛苦連結。面對這個男人，我還沒有準備好進行這個練習。我當時抱持著這種心態，而妹妹則因為動脈瘤破裂陷入昏迷，一秒鐘就足以讓她不省人事。之前陪伴丈夫前往阿富汗時，我也曾經歷這樣的悲劇。當時，我丈夫史蒂芬的兄弟在當地的一場車禍中喪生，意外就在我們眼前上演。當然，我曾經歷祖父母、幾位叔叔、阿姨，甚至是幾個朋友的辭世，但這一次是我的妹妹。絕望、憤怒，然後是悲傷席捲了我。相形之下，我日常的煩惱突然顯得微不足道。在她昏迷期間，以及在她往生前的每次探望中，我意識到我對前男友無處不在的憤怒。這種感受讓我充滿怨懟，讓我的世界變得灰暗。擺脫這種情緒對我來說是當務之急，但是該怎麼做呢？我腦中突然浮現解除痛苦連結的練習，以及一個更加堅定的版本。面對這些有毒連結，重點不在於請求，而是下達命令。我們不是在清理痛苦的連結，而是要將它斬斷。愛情不是我們追求的目標，和平才是。

練習的過程中，我感到身體有份重擔離開了我。我知道自己剛進入生命中的一個關鍵階段：成功地斷開將我們捆綁在衝突輪迴中的惡性循環。而這種走向平靜的轉變，我要感謝已故的妹妹。

本練習可以應用於以下對象：

- 親生父母（如果你曾被遺棄）。
- 那些（無論在世或已故）曾讓你受苦來奪取你能量的人（先進行練習6）。
- 在世或已故的家族成員，他們可能將某種考驗、健康問題或情感傷痛遺傳給你，同時透過擾亂你或折磨你來奪取你的能量（先進行練習6）。

練習8

切斷痛苦連結

如果有人（無論在世或已故）批評你、虐待你、羞辱你，用沉默、喜怒無常的態度、哭泣、憤怒、暴力（身體、心理和性方面）等方式讓你受苦，從你身上吸取能量，請首先進行練習6。

1. 第一步都相同（參見練習5步驟二）：找一個安靜的地方，放一張椅子，邀請兩個最高實體來協助你，想像他們的善意包圍著你（如果你無法想像也沒關係）。
2. 召喚曾與你發生衝突的對象，大聲說：「感謝……（你選擇的最高實體）命令……（某某某）坐在我面前。」如果你不知道傷害你的人的名字，可以用「那個讓我……的人」代替。
3. 大聲告訴他你心中的感受，釋放情緒。如果是父母、祖父母、叔叔或姑姑，趁這個機會釋放他們的情感重擔，說：「你的……傷痛（具體說明）

和你的……考驗（具體說明）在我的生命中一再上演……（具體說明情況）。這些考驗和傷痛屬於你，我會盡我所能地釋放它們，就像你會盡力釋放自己一樣。」例如「你被父親暴力虐待，你也讓我吃了苦頭。我不想再背負這個重擔，我會盡我所能地釋放它們，就像你會盡力釋放自己一樣。」

4.保持沉默。你所有的思緒其實都是對方的回應。等到再也沒有思緒湧現時，表示對方已經完成。如果沒有任何思緒湧現，代表對方同意你的話。

5.帶著強烈的意念大聲說：「你聽到我了，我也聽到你了。在……見證人面前（說出你選擇的最高實體），我命令在我和……（某某某）之間的痛苦連結（以及屬於你的情感遺產）被切斷，無論是在這一生還是在其他生命中，只留下愛的連結。」

當然還有其他類似本練習的療法，但這個練習的好處在於坐擁兩大盟友，它們可以在過程中協助我們。如果對方出現任何形式的抵抗，盟友可及時伸出援手。

請記住，你並沒有斷絕所有連結，而是切斷痛苦的連結。對於那些覺得有必要對父親、母親甚至兄弟姐妹進行練習的人來說，澄清這一點很重要。就像進行所有的能量練習一樣，請大聲說出來，不要猶豫，多做幾次以強化意念。第二次，你會覺得更有自信。第三次，你念出這些句子所發出的能量會產生更好的效果。如果發現問題沒有徹底解決，就再進行一次。一旦感覺擺脫了這段關係的束縛，如有需要，你可以和其他人進行這個儀式。

這個練習是靈魂之間的對話。對方雖然不在場，但他的一部分可以聽到我們的話。有時，這會對兩人間的關係產生重大影響，我們會驚訝發現對方的改變。而有的時候，它只對我們自己有影響，但我們不會再受到對方行為的傷害，恐懼也隨之消失。我個人的經驗是目睹自己的仇恨和怨懟煙消雲散，生活也變得輕鬆許多。它對我和家人的關係產生了立竿見影的效果。磨難就此遠離，我重獲了自由。

如果某個練習沒有效果，可能代表以下幾種情況：你是否有在遭遇打擊（練習5）後進行靈魂恢復（並在兩週後再次進行）？練習6也無法發揮作用嗎？也許你遺漏了某個人。有時名單很長，父親、母親、兄弟、姐妹、前配偶、同事、朋友等，花點時間重讀第9章的全部內容，不要操之過急；要從一再上演的輪迴考驗中跳脫出來不是一件容易的事。不要猶豫向第三方或治療師求助，來處理你和家人之間餘波蕩漾的情感遺產。

有兩個練習可以幫助你擺脫痛苦的連結：

- 練習7幫助清除與（在世或已故）父母的連結，讓你擺脫世代相傳的遺產，不再承擔他們的痛苦包袱。請留意你自己的名字，因為它可能提供了線索，讓你找出需要清除連結的對象（請別認為孩子取了名字就等於把先人的情感包袱傳給他們。無論是什麼名字，情感遺產都是存在的。給孩子取一個家族裡的名字也有好處，可以幫助他們日後從中解脫）。你還可以清理與旁人（朋友、同事、戀人）的連結，避免怨恨、分歧和爭吵的壓力，也不會再讓對方受到你個人傷痛的波及。

- 練習8用於切斷痛苦連結，特別是存在於衝突、不恰當（迫使我們脫離兒童身分的父母），或有毒（批評、虐待、羞辱，透過憤怒、沉默、不可預測的態度、哭泣，以及肢體、心理、性方面的暴力來干擾我們）的關係中。
- 被領養的孩子可以在領養家庭中進行這兩項練習，因為考驗的輪迴仍在持續上演。請不要忘記，我們的靈魂會選擇我們的親人，目的是一遍又一遍重新經歷同樣的傷痛，直到我們痊癒為止。
- 用心感受所有練習內容，並在每個練習之間給自己足夠的時間。練習時要想清楚，不要躁進。

最後這裡有一個例子：在比利時的一次講座上，一對六十多歲的夫婦向我走來，丈夫說：「你無法想像我們知道這個練習之後有多高興。我妻子有個可怕的母親，在她還是個孩子的時候就把她趕出家門。」妻子擦乾眼淚補充說：「她把我送進寄宿學校，把我的哥哥弟弟們留在身邊。直到我結婚，她才讓我回家。我母親招來了厄運：我大姐剛出生幾天就夭折，在我之後出生的妹妹也死了，就連家裡的三隻小母貓也活不久。現在我的女兒們都怪我，因為她們不認識自己的外婆。直到今天，她還在埋怨我。我會去做這個練習，希望能擺脫痛苦，我再也不想聽到有人提起我母親。」她的憤怒溢於言表。我的直覺有時會提供奇怪的訊息，但我會毫不懷疑地相信它們。於是，我對這位女士說：「說不定是因為你們居住在一棟對所有年幼女性都不好的房子？」（生物學家魯伯特．謝德拉克（Rupert Sheldrake）證實了這種現象，強調包含重複訊息的形態場的存在，他將其稱之為「宇宙記憶」，這也是超心理學家所稱的「牆壁記憶」，指訊息與發生在居住地點的悲劇有關聯。）「如果你的母親不是把你從家裡趕出去，而是要你遠離一個殺害你兩個姐妹和小貓的地方呢？你母親當然沒有意識到這一點，但她可能幫了你一個天大的忙；她做了她必須做的事情，讓你可以遠離一個會傷害你的家。當有天長大成人，你就可以回家了。」這位女士開始顫抖，把手捂在嘴邊：「這對我來說意義重大。我一直以為自己永遠無法原諒她，但現在我知道我可以做到。」

有許多人告訴我，在讀到這個練習時，甚至在加以實踐之前，他們就感受到一種明確的輕鬆感，彷彿練習已經在發揮作用。我相信，當我在會場說明這個方法的時候，這名女士已經開始將儀式融入自己的腦海裡，這就是為什麼她在這麼短的時間內能夠改變態度，從傷痛中解脫，而仇恨與憤怒也煙消雲散。

第12章　突破你的阻礙

請按部就班繼續你的療癒之旅。你在自由的小溪裡洗滌了自己的情感重擔，放下那些不屬於你的包袱。更重要的是，你已經彌補你發現的創傷所造成的缺口。在經歷了這麼多磨難之後，你重新站了起來，脫胎換骨，而且更加堅強。你的生活已經走在積極的方向，你開始用不同的方式思考。你不再認為自己是他人或生活的受害者。你的一些痛苦已經消失，但你不明白為什麼某些阻礙仍然存在。請在這裡記錄一切不順心的事情、你無法實現的夢想，或是你生活中任何無法順利進展的事情：

這些阻礙或許源自於情感遺產，或者與你幼年時期產生的內疚感有關。

擺脫世襲的阻礙

想要消除源自家庭的阻礙，請先找出這些阻礙（職場、財務、家庭、感情），並確定它們是否來自下列原因：

- 源自他人的不認同。
- 源自你在夫妻、家庭、職場的地位問題（你無法獨立存在、你遭人無視或處於某人的陰影下）。
- 合法性問題（對自己）：你不讓自己擁有幸福、成功、自豪和富足的權利。

現在，請寫下你父母、祖父母以及與你同名親友所遭遇過的失敗、悲劇和重大考驗：

將它們與你自己的情況相比，看看哪些循環在重演，然後使用練習7清除與這些人之間的痛苦連結。

我們每天經歷的阻礙也可能源自於內疚感，這種負面的感覺動不動就會襲來，即使在成功的時候也是如此，它的作用就是阻礙我們。

擺脫內疚感

有些人比較容易感到內疚。以我自己來說，我前世一定是隻聖伯納犬，就是警察用來尋找走失者的那種毛茸大狗。我和它們一樣，不忍心看到任何人痛苦。我的同理心就像是厚達三層的吸墨紙。這一生中，有很多人一直告訴我，一切都是我的錯，這更加重了我對他人不幸感到內疚的傾向，但其實我是第一個允許自己這樣想的人！

這個過程大家都很清楚：只要我們感到內疚，別人就會察覺並理所當然地指責我們。接下來的發展也非常合乎情理，我們會在不知不覺中懲罰自己，否定自己所渴望的一切：愛、幸福、認可和成功。是的，單是說服自己值得擁有這些並不足以加以實現。我們的內心有頑強的阻礙在運作。我發現，那些抱怨自己的人生與付出不成比例的人，內心都隱藏著深深的內疚感。現在，讓我們來解讀產生內疚感的五種主要情況。

1. 我們讓親近的人失望了（或我們認為如此）

因為我們說謊、生氣、忘記了對方很在乎的事情、有意或無意地欺騙對方。我們因疏忽而傷害了別人，或者我們認為如此。我們沒有信守承諾（找工作、戒酒……）。

2. 我們無法幫助別人，包括自己

原因包括我們不在場、沒有將那句受到期待的話說出口、因為聽從了壞的建議、面對有人遭虐卻沒有反應、對親人的痛苦感到無能為力……。

3. 我們造成某人喪生（或我們認為如此）

因失誤或疏忽造成意外，或者因為不得不做選擇來拯救某人（包括自己），或者母親在我們出生時過世，或者為了保護某人而保守祕密，卻毀了另一個人的人生……。

4.我們得到的比別人多，我們以為做好事卻造成傷害

如果受到某人偏愛、如果得到的比別人多、如果認為我們的幸福和成功會蓋過別人、如果我們是重大意外後唯一的倖存者……。

5.我們故意傷害別人

因為惡意、為了毀掉對方或出於自身利益而傷害某人，或者因為當初的行為太自私或因為承受太大痛苦，而如今內心充滿悔恨。

如何擺脫我們的內疚感？我們要做的就是重新認識一個我們都知道但卻遺忘了的人：我們內心的那個「孩子」。這就是我們原本充滿熱情、生命力和好奇心的部分，卻因為簡單的幾句話和反覆的考驗而破裂了。我們要尋找陰影籠罩在我們臉上的那一刻，藉此重新喚起光明。這些時刻往往看似平淡無奇，沒有造成明顯的嚴重後果，周遭的人可能難以將其視為我們痛苦的根源。實際上，只有我們自己才能衡量當時所經歷的困境。

請寫下你這一生中所有的內疚感，無論發生在哪個年紀，不必按時間先後排序：

圈選出令你最痛苦的內疚感，那個最令你無法釋懷的經歷。如果它正在發生的話，代表它可能是早先一場衝擊的餘震。回想童年早期，找出一個令你感到同樣內疚的痛苦情況。盡可能回溯，找到最初的那一個。如果沒有明確的記憶，你可以諮詢肌動學治療師。這個過程可以繞過心智，利用肌肉反射讓身體來表達。請確切地詢問：我第一次感到內疚是在幾歲的時候？這將有助於記憶浮現。

安慰你內心的那個「孩子」

你已經找到了引發內疚感的事件，現在是時候放下這種感覺了。該怎麼做呢？就像催眠一樣，我建議你「重新檢視」過去，永遠改變這個觸發事件。別忘了，在鏡像神經元的影響下，大腦無法區分真實情景和想像出來的練習，只要它認為練習是真實的就夠了。讓想像力為我們的意念服務，痛苦的回憶將不會再影響我們。

練習9

放下內疚感

1. 你已經找出最深刻的內疚感。如果你在兩個事件之間猶豫不決，請選擇在你年紀比較小時發生的那件事，即使它看起來不那麼重要。想像自己今天是一個「大你」，身邊陪伴著一個「小你」，也就是痛苦事件發生時你的年紀。在「小」和「大」旁邊放上你的名字。以我自己為例，我會說「大娜塔莎陪伴著小娜塔莎」，就像大人照顧困境中的孩子一樣。大你親切地走到小你身邊，把他抱在懷裡，給他一個擁抱。
2. 發揮想像力，大你牽著小你的手，帶他回到童年經歷這種內疚感的確切時間和地點。讓你產生內疚感的第三者浮現腦海裡，就好像對方真的在現場。
3. 像再次經歷這件往事一樣，大聲念出事情經過。當內疚感出現時，問自己：我希望自己當初做了什麼？我希望當初對方做出怎樣的反應，我希望對方說些什麼？想像對方為了不讓你內疚而可能採取的態度（即使你覺得不大可能），然後念出這個經過美化的結局。這個版本必須皆大歡喜，好讓小你不再感到遺憾。

- 如果你因為故意、疏忽、自私或身體不適而傷害了別人，小你可以請求大你原諒讓他感到內疚的原因。小你會感謝大你讓他意識到自己的行為。

4. 在念出這個圓滿的結局後，大你客觀回顧事件來安撫小你，用充滿善意的態度原諒小你，以下提供幾個例子：

- 你當時還小，你已經盡力了。
- 早知道會如此，你當初就不會這麼做了。
- 每個人都會犯錯，這是我們學習的方式。
- 你之所以這麼做，是因為感到自己有危險，感到自己被忽略了。
- 你還太小，無法理解……的態度。
- 你得到的比……還多，這不是你的錯。他的靈魂選擇成為你的手足，並從這些磨難中學習。
- 他死了，是因為他的時候到了。從某種程度上來說，我必須經歷這些磨難，才能在靈魂的道路上前進。

- 我曾經笨手笨腳，行為不當，或對……說過難聽的話，但今天我已經改過自新，並表達了歉意。
- 不要忘記，你的孩子、你的姐妹、你的父母（與你一起經歷內疚事件的親人）的靈魂選擇化身為這個家庭的一員，是為了克服某些考驗。

5. 最後，大你大聲對小你說：「你來到這個世界上，是為了從錯誤和磨難中吸取教訓，你要為身旁的人帶來有意義的東西。你必須得到寬恕，你值得被愛，你有權利獲得幸福。你越快樂，就越能給周圍的人帶來快樂。我會一直在你身邊，不會評判你，因為你不需要在乎別人的看法來讓自己前進。你從未讓我失望，我會一直照顧你。我接受你的樣子。我會無條件永遠愛你。」

注意：重點在於大你要設法讓小你相信他不再孤單，大你會永遠無條件愛小你。你需要找到合適字句來安撫不安並消除憤怒，祛除對犯錯的恐懼、生活的煩惱、內疚、羞愧、被遺棄的感覺，以及這個受苦孩子的焦慮。關於這個部分，你不需要背誦語句，請隨性而為。如果留下眼淚，就證明你終於得到解脫。

如果你無法獨立完成這項練習，可以求助專精催眠、身心療法、EFT、EMDR或冥想放鬆療法（這些都是管理情緒的方法）的治療師，協助你完成小你和大你的練習過程。

下面的例子說明了內疚感是種頑強的阻礙，影響我們生活的方方面面。

工作上毫無成就

克蘿伊是自我成長書籍的作者。大家都知道，有時人可以是出色的建議者，但對自己卻沒轍。於是她向我求助，因為她知道某種無休止的內疚感困擾著她，妨礙了她的幸福和作品的成功。這種情緒的記憶可以回溯到她四歲的時候。她的父親剛買了一瓶膠水，放在一張貴重的小桌上。飯後，她好奇地跑過去將膠水打開，幾滴膠水沾到了桌子。父母發現後，狠狠責備了她一頓，斥責她的好奇心。這看似一件小事，但回想那一刻卻讓克蘿伊非常痛苦。當她向我講述這段經歷時，她淚流滿面。於是，我請她想像一下今天的大克蘿伊握著四歲小克蘿伊的手，並且講述這件往事直到災難性的那一刻。然後我們進行以下的交流：

「當爸媽發現桌子上有膠水時，你希望他們怎麼說？」

「說沒關係……。」

「這還不到要修理的地步，想像他們因為讓你難過而感到抱歉。」

「我爸媽可不會這樣做，他們很嚴厲，對自己也不例外。」

「你希望他們怎麼說呢？即使這不符合他們的脾氣？」

於是她想像父親對小克蘿伊說：「沒關係，我們會清理乾淨。如果讓你難過，我們很抱歉，請原諒我反應過度。」在這個圓滿結局中，她母親補充說：「好奇心很好，這能帶來快樂。我們愛你，別擔心。犯錯是學習的過程。」我要她想像父母緊緊擁抱她的畫面。然後她說了一句話，就像大克蘿伊在對小克蘿伊說話：「我無條件愛你，無論你做什麼，無論你犯了什麼錯，我都不會評判你，我會永遠在你身邊，你有權獲得幸福和成功。」兩個星期後，我在臉書上得知她兩年前出版的一本書仍然廣受新讀者的好評。她變得更加開朗，出版社接著邀她再出版兩本著作。克蘿伊不再感到內疚，能更平靜地面對生活了。

幸福的權利

喬斯林總是因為胃病、感冒、偏頭痛等慢性病而不能好好工作，有時又擔心一停下工作症狀就消失了。因為他熱愛自己的工作，不明白自己為什麼總是生病。在分析自己的內疚感時，他意識到自己害怕讓老闆失望。為了擺脫這種內疚感，他回溯自己的童年，尋找曾經因為辜負權威而感到內疚的時刻。他很快就想起了那件觸發事件：六歲時的某天，他母親動完手術在醫院休養，父親得去辦公室一趟，便吩咐他看顧火爐上的熱湯，但父親遲遲沒有回來。過了一會兒，喬斯林很擔心，便離開廚房，從客廳的窗戶往外探看父親是否返家。湯開始沸騰溢出，喬斯林用抹布擦了擦，覺得自己處置正確，沒想到抹布居然著火，很快廚房角落便燒了起來。父親回家時大聲斥責他，喬斯林表示父親因此被迫得更努力工作，來負擔新廚房的費用，於是他心想：「如果我不存在，就不會發生這樣的事，爸爸就不用那麼辛苦工作，一切都是我的錯。」這種感覺至今仍影響他的生活；他內心的一部分依舊停滯在六歲的時候，那時他還是個孩子，認為父親因為他的過失而過勞。

從那時起，他就開始懲罰自己，招惹各種狀況（疾病），阻礙他的幸福時光。按照之前提到的練習，大喬斯林向小喬斯林解釋，他因為父親的暴怒而感到內疚。他告訴小喬斯林，這不是他的錯，一個六歲的孩子本來就不該獨自在家。「你這麼做是因為擔心，這沒有什麼不對。」大喬斯林問小喬斯林：「你希望我們的爸爸怎麼做呢？」「希望他不要大吼大叫，希望他因為讓我久等而道歉，並向我保證這不是我的錯。」喬斯林說了這些話，並要他的父親補充說：「太好了，廚房本來就很醜，還好有這場意外，讓我們可以擁有一個新的廚房，這一直是媽媽的夢想。對不起，兒子，因為我不在家和我的態度，對你的生活造成了這麼多傷害。對不起，我沒有察覺到你當時一定也非常害怕。我非常愛你。」從那以後，喬斯林就不再生病，並安心重返工作崗位。

針對人生最初的內疚感練習，可以清除隨後而來的內疚感，因為它們通常是最初傷痛的翻版。如果它們沒有從記憶中被抹去而留下痛苦的感受，我們就會以同樣方式一再經歷往後的內疚情緒，即使它們出現的時間並不久。

健康問題

羅宏喜歡他的工作和生活。六個月前，他開始治療自己被拒絕的傷痛。他了解到，他必須停止讓這個傷痛影響身旁的人和他自己，因為十天前，他的胸口、靠近心臟的地方出現皮疹，看起來像是溼疹的初期症狀。我請他回想一下皮疹首次出現前發生了什麼事。他想起曾與妹妹爭吵，因為妹妹不客氣地批評他，拒絕以友好的態度與他交談。我請他回想過去出現的內疚感，特別是因為遭到拒絕產生的內疚情緒。問題是他什麼也想不起來，他只是笑著告訴我一件他經常聽到的小故事：妹妹出生後，每次父母照顧她時，羅宏都會做出一些傻事。於是，大羅宏找小羅宏談心，安慰他說：「即使爸媽都沒辦法照顧你，我也會一直陪著你、照顧你。我永遠不會遺棄你，你不需在乎別人的目光也能成長。無論你做什麼，我都無條件愛你。」當天晚上，他的皮膚問題就減輕了。三天後，在沒有任何治療的情況下，紅疹完全消失。

如果不記得年幼時發生過什麼讓你內疚的事，那就回想你家人在笑著談論你時都說了些什麼，其中可能掩蓋了他們沒有發現的內疚傷痛。你的家人在談論你的童年時，使用了哪些詞語？

缺乏認可和幸福感

傑哈爾是一家大企業的人力資源經理。他聰明能幹，收入優渥，但內心對於未能實現在海外大型跨國企業工作的夢想而感到遺憾。在距離退休不到幾個月的時候，他生了一場大病，儘管平時他的身體狀況一直很好。在回想內疚的舊傷痛時，他發現自己一直覺得應該對表弟的死負起責任；表弟是在小時候他倆一起玩耍時被車撞死的。他意識到自己總是關心別人多於關心自己，這很可能是在懲罰自己，不讓自己獲得想要的成功。至於健康問題，這種內疚感也剝奪了他未來退休後的自由和幸福。為了擺脫內疚，大傑哈爾對小傑哈爾說：「如果死的是你，你會希望表弟傷心，放棄追求幸福嗎？當然不會。那就好好享受幸福吧，他的死與你無關。別忘了，是他的靈魂決定離開的。」值得注意的是，在這個案例中，傑哈爾不得不多次重複這個練習，內疚感才真正消失。他原本考慮帶著健康的身體離開職場，好好放鬆。但世事難料，在他即將退休的前三個月，一位前雇主延攬他管理海外一個重要的非政府組織。

你也可以在「大你」和「小你」之間進行這個練習，透過美化來重溫過去，重新檢視所有不愉快的情緒：憤怒、沮喪、羞愧、恐懼、焦慮。你要做的就是回顧自己的童年，找到你第一次感受到這些情緒的時刻，然後在今天重溫這個過程。在這個過程中，照顧自己、安撫自己、寵愛自己，像對待自己心愛的孩子一樣說出安撫情緒的話語。

改寫衍生內疚感的事件，我們的心智就不會再將其視為創傷。這種回溯過去的過程只有幾分鐘，卻能永久消除制約我們的模式，讓我們在餘生中不再感到內疚。

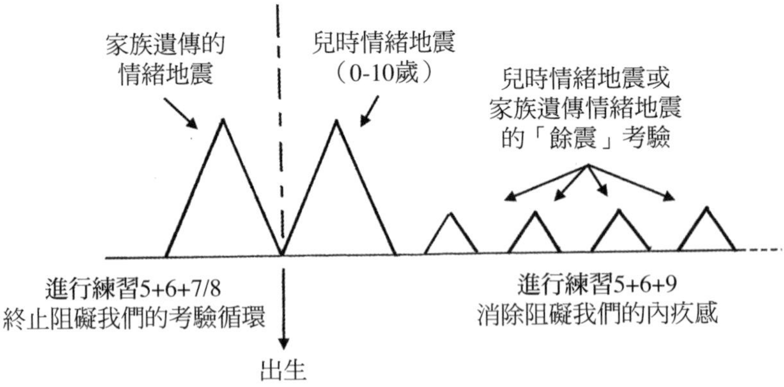

第13章 寬恕的神祕力量

所有自我成長書籍都不約而同認為：寬恕是關鍵。當然，不僅是寬恕他人，同時也要寬恕自己。第一次對這個問題產生興趣時，我認為這是個混合猶太基督教價值觀與佛教的時髦概念。除了道德層面，我看不出寬恕有什麼意義，而且最重要的一點是，我不明白為什麼要原諒自己。

但在對自己進行治療的過程中，我徹底改變了看法。我發現了這些考驗的意義，意識到它們是一再重演的輪迴，是我童年或祖先遺留下來的傷痛。我明白，是我的靈魂吸引了這些人和這些艱難處境，目的是讓我有機會從中解脫。如果人生道路上沒有混亂，沒有痛苦的打擊或惡意，我還會努力重建自我嗎？我還會努力治癒我的傷口，彌補我的缺失嗎？我的家庭、我的親人、我的伴侶、我的職場關係……，它們都是衝突的根源，同時也是我靈魂想要面見的目擊者，他們可以告訴我我需要修補什麼。在某種程度上，他們幫助我重獲自由。至於憤怒和憎恨，我明白這些有害情緒會摧毀身陷其中的人，程度更甚煽動它們的人。憤怒阻礙平靜，仇恨無法滋養而是吞噬。最後，透過各種練習，我看到的不再是他們的惡意，而是明白他們的痛苦。我不再是受害者，他們也不再是加害者。我和他們攜手共同解決問題！

從那時起，我將痛苦昇華為經驗。我開始原諒別人，因為我愛這樣的自己，一個煥然一新的自己。一切都要感謝這段痛苦的經歷。今天，我比以往任何時候都要堅強，這是擺脫這些煎熬的功勞。在內心深處，我們能怪罪那些幫助自己獲得寧靜、幸福和成功的人嗎？當然不能！於是，我明白了寬恕的意義。

原諒他人，也原諒自己。靈魂招攬這些事件到我身上，所以是我製造了擾亂生活的地震和餘震。因此，我同意原諒自己，原諒我的靈魂從我出生起就帶給我這麼多挑戰。

寬恕真正的意義

從前我對寬恕的意義一無所知，因為我沒有明白寬恕的精神，但發現寬恕的真正力量後，我看到了新的世界。二〇一七年一月一日，母親準備好她的新年賀詞，告訴我父親因肺炎住進了急診室，而且可能熬不過今晚。她的話殘酷地刺痛了我的胸口。「我馬上過去。」我告訴她說。在收拾行李的時候，我想起肺炎的象徵意義：灰心喪氣，一種妨礙他人的感受，一種面對痛苦時無解的焦慮。我父親到底發生了什麼事？一個星期前，全家人聚集在一起參加父親姐夫的葬禮，或許與這有關聯。但是什麼關聯呢？父親姐夫死於年邁，這是自然的法則……。

我丈夫史蒂芬陪我去醫院。我告訴他我不明白，我感到自責，因為兩天前我父親咳得很厲害，喘不過氣來。我憑著直覺，淡定表示不用擔心，一切都會好轉。我怎麼會錯得這麼離譜呢？在前往加護病房的電梯裡，我請史蒂芬陪我母親，讓我可以和父親說話，找出引發他肺炎的情緒事件。我一走進病房就愣住了。父親躺在一張病床上，上頭的儀器每隔十或十五秒就會嗶嗶作響。他的心率和血壓顯示在明亮的螢幕上，數值居高不下。他戴著呼吸器，手臂上打著點滴。父親臉色蒼白，我可以從他半睜的雙眼裡看到一絲驚恐。儘管母親在電話裡強調情況非常緊急，但我還是感到非常意外。母親抱著我們，一家人在一起讓她鬆了一口氣。

「娜塔莎會待在這裡，請你先離開一下，我跟你一起出去。」史蒂芬表示。

我坐在父親的病床上。該從何說起呢？

「爸，告訴我你在想什麼……」

「我很難受，沒辦法呼吸。」他回答我，聲音幾乎聽不見。

「我理解，是不是有什麼事讓你感到很難過？」

他沉默了一會才繼續說。

「這不是我第一次得肺炎，兩歲時就得過一次。當時我太虛弱，哥哥輸血給我，救了我一命，多虧了他……。」

父親話還沒說完，眼淚就順著臉頰滾落下來；他哥哥幾年前過世了。我鼓勵他繼續說下去，於是他說起了一些痛苦的往事，他一直沒向任何人提過。他對父母在他十五歲時拋棄他，把他託付給姐姐和姐夫莫里斯照顧，感到非常憤怒！一個星期前下葬的莫里斯曾像父親一樣歡迎他。有個畫面浮現在我的腦海中：莫里斯手裡拿著一條手帕，那是我父親小時候難過時使用的手帕。那手帕就像被人從桌上揭掉的桌布一樣滑落，進了墳墓，讓我父親赤裸裸地面對當年令他痛不欲生的往事。

這場葬禮再次觸動無意識中一段痛苦的回憶（妨礙他人的感受），這是導致父親免疫系統崩潰的原因。我認為需要清除他與祖父母之間的痛苦連結，但是他太虛弱，沒有辦法完整進行一個他從未做過的練習。因此，我認為原諒才是最重要的事。我知道父親是個教徒，也知道他每天禱告的對象。我召喚他們前來，想像一道白色的光圍繞著我們。

「爸爸，我們一起祈禱，我要你重複我接下來所說的話。如果我說錯了，你要告訴我，我們一起改正。」

他閉上眼睛，又重新睜開。我一一列舉他告訴我的事情，要他把心裡的話說出來，跟著我重複每個詞語，有時他甚至會補充幾句，但這並沒有打斷整個過程，反而使它進行得更加順暢。

接著，我進入第二階段，接受和寬恕的階段。我慢慢地說，好讓他有意識地領會這些字句。

「我的父母已經盡力付出了，用他們得到的和沒有得到的愛。我原諒他們沒有好好對我。我現在希望與他們和平相處。」

父親的雙眼泛著淚光。

「這是真的，」他低聲說。「我的父母已經竭盡所能，相信自己盡了最大的努力。」

最後，我問他是否想請求某人的寬恕。他再次閉上眼睛，儘管疲憊不堪，他還是喃喃說出了請求。就在父親最痛苦的時候，我看到他最堅強的一面。一個七十七歲的人還能這樣敞開心扉，勇往直前，這是何等的勇氣！我感受到他包容的愛。正當我擁抱他，告訴他我有多愛他的時候，史蒂芬和我母親走進病房。母親驚呼道：「太不可思議了，你看起來不一樣了。」她說得沒錯，父親臉頰染上了一點粉紅色，他看起來很平靜。實習醫生和護理長走了進來，我們則滿懷信心地離開。

隔天一早，父親就離開加護病房。三天後，他離開了心血管外科，轉到普通病房靜養。護士們一再強調：「重症肺炎需要一個月才能康復。」兩週後，他自己開車載著我母親返回兩百三十公里外的家。

是我父親讓我體會到了寬恕的強大力量。因為寬恕，他體內的細胞重新與胚胎記憶那種銳不可當的能量連結在一起，生命力又開始在他體內流動。我很感激父親給我上了這一課，這是我經歷過最有啟發性的一課。這個深刻的教誨改變了我的人生。

在對寬恕有了新的認識後，我與所有曾發生衝突的人、曾讓我吃足苦頭的人，重新進行了練習。在祈求雙方獲得愛與和平時，我想到了寬恕的能量。我慢慢去感受它對我的洗禮，喜極而泣。我從殘餘的憤怒中解脫，原來過去我從未發現憤怒並未消失。我感到更加舒坦了。

- 寬恕不僅是擺脫惡業的一種方式，也是治療的終極工具。它是一種重生的能量，能夠瓦解過往的傷痛和嚴重的疾病。
- 在進行練習時，我們的精神狀態會隨之改變。怨恨逐漸消失，寬恕每天都在一點一滴洗禮我們。重複進行練習時，靈魂與靈魂之間傳遞訊息的能量就會改變，帶來的益處也更大。

請別著急

我也曾透過其他非常深刻的經歷體驗到寬恕的力量，幫助我明白給自己一些時間的重要性。某天，一位朋友問我能否幫助他的一位同事，對方患有嚴重的背部疾病，即使進行大型脊椎手術仍有八成的機率會癱瘓。這位名叫加布里埃爾的體育教練一年多來一直因疼痛而無法動彈。根據我的研究，嚴重或致殘的疾病代表我們需要重新評估生命的意義，同時治癒傷痛，揭開祕密，而且最重要的是……寬恕。

於是，我聯絡他進行治療。我立刻就找到了他的主要傷痛，考量到當時他情況緊急，我開門見山提到與他父親有關的背叛傷痛。「這不可能，」他生氣地反駁道，「我已經二十年沒見他了。」我淡定地接著說：「你知道，我聽說兄弟姐妹，包括雙胞胎兄弟……」我還沒來得及說完，他便崩潰啜泣。他表示不久前才發現父親有一個孿生兄弟，這個兄弟勾引了他父親的未婚妻並娶她為妻。這是嚴重的背叛行徑。於是，他父親出於賭氣而娶了另一名女子，並生下一個從未照顧過的孩子，這正是加布里埃爾所經歷的背叛傷痛。為了引導他走上釋放情緒的道路，我告訴他，他的父親被自己的痛苦所困，這就是為什麼他忽視了妻兒。他表示贊同。在經歷憤怒和仇恨之後，加布里埃爾正被二十年來沒和父親說過一句話的內疚感給淹沒。因此，如果他無法動彈，那是因為他有能力（或是義務）停下來療癒自己遭到背叛的傷痛，也許藉此也能撫平他父親的傷口。

我向他示範要如何消除這種代際重擔和他的內疚感，同時強調這種解脫過程最重要的目標是寬恕。三個月後，他的病況開始好轉，隨後進行的手術也很順利。他在自我治療的同時，也透過 EFT 來幫助強化自己的意識。三年後，他終於感到平靜，可以正常行走了。

回想當初我罹患椎間盤突出，從身體因疼痛而崩潰到能夠開始原諒的那一天，前後經歷了四年的時間。看似漫長，但在人的一生中根本微不足道。請耐心等待！你不會失望的。還有，想要進步，請務必留意你改進了什麼。如果沒有，表示你還沒找到問題的根源，或者還有其他訊息需要挖掘。問問自己，你的意念是否真誠。也許你的憎恨和憤怒太強烈，讓你無法向前邁進。也許現在還不是時候。給自己一些時間，稍後再回顧這些內容。寬恕是一個緩慢的過程。

我鼓勵犯錯的父母請求孩子的原諒：「也許我的粗心、憤怒和痛苦對你造成了傷害，所以請你原諒我。」根據情況不同，寬恕可以透過意念或口頭來表達。

自己是否真的已經原諒

我們有時會傾向認為，當然，我們已經原諒了！要知道是否真的如此，就要特別留意我們是如何談論那位自認為已經原諒的對象。如果我們還在用貶低的言詞形容對方，這代表距離原諒還很遙遠。那我們該如何知道是否真的原諒對方了呢？當我們能夠察覺這些磨難帶來的益處時，就是明確的信號。對方對待我們的方式幫助我們成長。我們可以開口向他道謝嗎？如果現在做不到也沒有關係，人生是條漫長的道路，未來可能完全不同。如果我們心中平靜，但對方仍是一貫敵對的態度，而且沒有察覺到我們的改變，那麼說穿了這是他的問題，不是我們的問題。我們沒有一定得要前進，面對這種情況，建議僅在心中表示原諒和感謝就好。

如果你現在覺得無法原諒，請放心，不同的練習可以幫助你，就像以下這個例子。有一次在我的工作坊中，我認識了瑪蒂娜，她對母親非常不諒解：「她為什麼折磨我，不折磨我的兄弟？」她喊叫道。在我向她解釋控制的過程時，她發現母親不斷從她身上獲取能量。我問她，她的母親是否曾經歷過遭到掏空和打擊的悲劇。「她曾被強暴。」瑪蒂娜回答。我向她解釋，她母親透過吸取她的能量來試圖填補空虛，因為她更偏愛女兒的能量。這個觀點讓瑪蒂娜有了新的體悟，立刻走出了受害者的框架。她進行了靈魂恢復（練習6），然後首次切斷了與母親的痛苦連結（練習8）。後來，她寫信給我，表示自己考慮寬恕，不久前她根本辦不到，後來她母親的惡意再也不會影響她了。

我們應該先原諒誰？首先是我們的父母，因為在投胎前，我們的靈魂已經選擇了他們。有許多家庭存在著對子女施虐的父母，他們的惡意、暴力或控制欲造成了創傷。這對內在和心靈的殺傷力有時太過巨大，使得當事人無法原諒，更遑論感謝。然而，沒有寬恕，我們就等於放棄靈魂在這一生中所追求的境界：從傷痛中痊癒。無需自責，我們有天一定會做到。遠離痛苦，我們就能客觀回顧，一步一腳印邁向最終的目標：對自己和對他人的寬恕，這是擁有平靜內心的保證。

- 任何情況，無論多麼殘酷（戰爭、謀殺、強暴、殘疾、遺棄、離婚、死亡、騷擾），都代表我們的靈魂選擇親身經歷這些傷痛。寬恕代表理解每一次考驗都是一次機會，幫助我們脫胎換骨。
- 當對方的行為不再影響我們時，代表自己已經原諒了。我們走出了陰霾，我們微笑，不再生氣。這是對方的問題。當我們能為對方加諸我們的遭遇說聲「謝謝」時，就可以知道自己已經原諒了對方。我們原諒不是為了取悅對方，而是為了自己，為了我們的靈魂，如此才能擺脫痛苦，在有需要的時候治癒傷痛。

各位應該已經明白，每一次考驗都是一個脫胎換骨的機會，是一條啟蒙的道路，幾乎就像是煉金術。哲人之石可以點石成金。透過寬恕，我們為人生提供了一種將困境昇華為內心寶藏的方式。這是一次重生！

本書前幾章是對一場漫長心靈之旅的邀約。在接下來的篇章中，每個練習皆彼此獨立，利用看不見的力量，驅逐恐懼、幫助親人、增強直覺、清理住所、面對喪親、治療燒燙傷。這些都是不藏私的靈媒、磁療師、地球能量學家、薩滿和治療師樂於與我分享的療法。它們可以讓生活更加美好。

第三篇
你的情緒健康手冊

第14章　不再孤單

把生命中的波折看作是通往未來幸福的必經階段，這是多麼美好的一件事啊。這種人生哲學難道不會讓你感到暖心嗎？你所完成的情緒清理現在已經深入到細胞深處，你已經重建了新的自己，找回了活力。和解正在發生，你甚至開始原諒了。你會發現生活變得更輕鬆，如今一切都變得可能了。為了培養這種看待未來的新態度，讓我們繼續這趟旅程，學習能夠美化生活的方法。接下來的練習就像是日常保養手冊，是一種獲得平靜和喜悅的方式。

如何找到你的嚮導

讓我們從身邊的「嚮導」開始。你我周遭都可能有幾位嚮導隨時準備好幫助我們，只要我們毫不猶豫向他們求助。他們不同於守護天使，我們必須真正呼喚他們，才能得到這些嚮導的幫助。當尋求他們協助時，他們會以「好運降臨」的形式現身。他們可能是家族裡的嚮導（家族中的已故親人）、靈性導師（與我們的職業或愛好相關的亡者），或者是宇宙嚮導（能夠引導許多人的往生者）。這些嚮導擁有不同的稱呼：「光之子」、「動物圖騰」、「泉源」，甚至是「宇宙」，在中國則被稱為「天仙」。無論名字是什麼，他都是我們的個人顧問，我們可以像呼喚朋友一樣大聲向他求助。請記住，如果你不求助，你的嚮導就不會主動介入。當初多虧了我五歲的兒子，我才能認識這位看不見的盟友。

在人生最初的幾年裡，就像許多人一樣，我曾認為在做重大決定時，我們是孤獨的，只能依靠自己。如果有什麼好事發生，我都很肯定是因為我的意志力使然。我錯了。那天，我兒子在客廳玩耍，突然間，他開始尋找一件剛剛弄丟的小物品，接著彎下腰看了看家具底下，找到了它。他站起來走向窗戶，看著雲朵說了聲「謝謝」，隨即很自然地坐了下來。我明白顯然有人幫他找回了物品。是誰幫了他？當我問他時，兒子指向天空，然後對我說「他們」，沒有其他的解釋。我理性至上的思維瞬間瓦解，同時我也想起了自己的童年，在擔任治療師的祖父家裡，我和父母、姐妹們共度了幾個夏天。

一條長廊通向門口，門上有塊鑄鐵加固的不透明玻璃。走廊的另一端有個神祕房間——書房——沒有祖父的許可，任何人都不得進入。雖然祖父的正職工作是理髮師，但祖父每天下午都在進行磁療，這是他很熱衷的副業，從十八歲開始就投入其中。大家稱呼他「治療師」，求診的人來自法國各地，希望得到他的治療。他書房的兩面牆上掛滿了病患的感謝狀：從帶狀皰疹、扭傷到感染……，評語不約而同表示治癒效果非凡。「恩同再造」這句話經常出現在牆上。

祖父每天總是穿著他一成不變的制服：黑色西裝搭配黑色領帶。如果母親懷疑我們三姐妹中有人生病，祖父就會拿出V字形彎曲的手杖在生病的孩子前面揮舞。如果手杖保持靜止，他會說：「沒事」，我們就可以離開。有一天，他拿著手杖在我面前揮舞，斷定說：「你喉嚨痛。」我點點頭。「你為什麼沒告訴媽媽呢？」我嘀咕說因為情況不嚴重，喉嚨也沒有很疼，但主要原因是我不想祖父幫我貼上他自製的一種棕色藥膏。他會用蠟燭融化藥膏，讓它滴在棉花上，然後用醒目的白色繃帶固定在我的脖子上。如果在家裡，我喉嚨痛的時候，母親會要我喝糖漿或口含片，我更喜歡這類藥品。我本可以因為脖子上綁著「神奇」的東西而感到自豪，但我不想被路人指指點點。雖然我不愛祖父的療法，但我必須承認，它讓喉嚨痛消失的速度比藥物治療要快得多。

當祖父進行治療時，他的雙手是灼熱的，他說自己擁有「能量」。我記得那些箱子，裡面裝滿了桃子、核桃、番茄，還有雞肉和各種肉醬，都是病患無法支付醫療費用時的贈禮。我回想起村民當著我父母的面，解釋祖父如何幫助他們擺脫當時醫界束手無策的疾病。但是大家議論時都是輕聲低語，彼此互握著手，有時談到孩子被治癒時還熱淚盈眶。

於是我才明白，當時對我來說看似正常的無形力量，其實無法高聲宣揚。無論是手杖、擺錘還是磁療，所有科學無法解釋的事情都被歸類為「怪力亂神」。許多人因為害怕而對此抱持懷疑。然而，有些人表示並非所有事物都能用科學解釋；有些人則認為神祕力量在生活中有其意義，好比說愛情；還有一些人則不在乎如何或為什麼，他們更看重結果。此外，警察也經常找上祖父幫忙找尋失蹤人口，或是掉入河中溺死的人。祖父會請求提供屬於失蹤者的某樣物品，如牙刷、毛衣，待在書房裡面對地圖開始尋找，然後用手指指著擺錘停下來的地方。警方最終總是能找到遇難者。長達五十七年的時間裡，祖父一直在貢獻自己的天賦。

祖父過世後，我回到可愛祖母的身旁，她成了我優先關心的對象，我們有很多時間可以敘舊。無法解釋的現象從我的生活中消失了。彷彿是為了讓自己安心，我擔任記者發表的第一篇文章是關於植物吸收甲醛和三氯乙烯的能力，還有全球暖化、內分泌干擾物等議題。後來，我兒子只不過說了幾句謎樣的話語，就提醒了我是治療師的孫女。我開始閱讀滋養我祖父天賦的書籍。就這樣，我發現了「嚮導」的存在，一位看不見、無所不能的幫手。

讓我們一起學習如何與他們連結，請記住：不求助嚮導會減低他們的效用。

練習 10

與你的嚮導建立連結

1. 準備一支白色蠟燭（最接近光的顏色）和一根火柴（它只能使用一次。由於這是一個關於意念的練習，請不要使用他人的能量）。

2. 大聲說：「親愛的嚮導，我很高興與你建立連結，感謝你提供幫助。」你可以說出類似的句子，重點是要發自內心。
3. 點燃蠟燭。
4. 連結已經建立。如有需要，你可以每天與他溝通。你可以向他請求任何事情。
5. 如果你正在尋找治療師，請讓這位新的盟友引導你。大聲說：「感謝親愛的嚮導（或感謝宇宙）在即將來臨的這一週（確保是嚮導伸出援手，這一點很重要），引導能幫助我解決……問題（具體說明）的人與我相遇。」真誠地提出請求。
6. 離開房間時，熄滅蠟燭並感謝你的嚮導。

如果接下來的七天裡，你聽說了一位你沒想過的治療師，那就去找他吧！他是嚮導派給你的。

你不一定要點燃蠟燭，這只是將過程神聖化的一種方式。有時，我會點燃一支蠟燭，但沒有提出任何要求，然後說：「這是獻給你的，親愛的嚮導。」我也習慣在有趣的想法突然浮現時，感謝他在我耳邊悄悄透露靈感。孩子非常容易接受這些神奇的能量，而且完全清楚自己可以向宇宙尋求幫助。我年幼的兒子一看到我點燃蠟燭就會說：「等一下，我們要提出請求。」因為他聽過我多次表示：「我們要提出什麼請求？」於是就記住這個字了。

提出不可能的請求

你可以對嚮導提出任何請求：幫助你了解應該和誰進行練習（請他託夢來指引你）、做出決定、找到適合的練習人選、為你吸引客戶、給你勇氣等，請隨時向他求助。切記要感謝他。

有天在搭火車的途中，我遇到了劇場演員羅宏，我們聊了起來。他剛分手，正在尋找新的公寓。身為一名接案的表演藝術工作者，他的申請文件總是遭到拒絕。我向他說明如何求助於自己嚮導的方法，羅宏說他會試試，但使用的是他覺得更合適的「宇宙」一詞，並承諾會告訴我後續情況。以下是他在三週後傳來的訊息：

「嗨，娜塔莎，我只是想告訴你找房子的進展。我之前其實忘了那個宇宙小儀式，但前天早上，就在找房子處處碰壁時，我提出了請求。一個小時後，我接到電話，我的申請通過了。真沒想到……。我今天簽了租約，三十號搬進去了。我想跟你分享我的喜悅。」

才短短一小時！為什麼不好好利用這種資源呢？

由於可以向嚮導提出任何請求，因此無需猶豫，隨時向他徵詢合適治療師的建議，無論是能夠緩解你的症狀，還是幫助你理解情感經歷的治療師。對於所有想要聯繫我以獲取治療師聯絡方式的人，我的回答是：「問問你的嚮導吧！」你的身體渴望並期待這種奇妙的連結。這是屬於你的功課，完全取決於你自己，結果自然會更加令人滿意。

如果什麼都沒發生呢？

為了達到目標，我們做了什麼？如果羅宏沒有遞交多份文件，事情可能就不會發生。俗話說：「天助自助者。」如果你採取行動和表達意圖之後，仍然一無所獲，這可能代表：

- 對你來說，時機尚未成熟。
- 對其他相關人員來說，也不是時候。
- 你正在經歷的情況需要你睜開雙眼，看清情感遺產或昔日傷痛，一旦把傷痛清理乾淨，情況就會好轉。
- 失敗也是嚮導給你的一則隱藏訊息。

各位別忘了，我曾失業潦倒近十八個月，就業中心才打電話約我面試，讓我得知盧貝松電影學院的培訓課程。今天，我在學院已經教了四年的課。如果不是因為困境（失業），我永遠不會有這樣的機會。

同時請注意，你在呼喚嚮導時並不一定需要提及他的名字。但若你需要掌握有形的元素來安撫自己，如果名字能給你安慰，我建議你按照以下練習來進行。我制定的這個儀式，靈感源自莫德・克里斯騰（Maud Kristen）慷慨傳授的一項技巧。

練習11

找出嚮導的名字

1. 站在（公共或個人）書架前。
2. 大聲說：「謝謝你，我的嚮導，指引我找到你的名字。」（如果不說這句話，什麼也不會發生）。
3. 閉上眼睛（這很重要），隨意拿起一本書。
4. 眼睛不要睜開，打開書本，將雙手大拇指放在書中的任何位置，心裡想著你即將看到的名字。

5. 睜開眼睛，先看左手大拇指底下，再看右手大拇指底下。如果你的意念很明確，那麼其中一個拇指的下面就會出現一個名字，它就是你嚮導的名字。如果兩個大拇指底下都有個名字，你的嚮導就是其中之一，或者兩者皆是，你憑直覺就能知道。如果兩個大拇指下方都沒有名字，先讀左邊那一頁，再讀右邊那一頁。第一個出現的名字就是你嚮導的名字。如果隨機選擇的兩頁紙上都沒有名字出現，看看上面寫的東西是否讓你想起了某位已故的家人。如果內容提到了動物，那就是你的「圖騰動物」。

6. 如果這個名字沒有呼應家中的任何人，不用擔心，這是你的心靈嚮導或宇宙嚮導的名字，只有家庭嚮導才會有你熟悉的名字。

重複進行這個儀式並沒有意義，反而像在告訴你的嚮導你不相信他。尋找嚮導不是遊戲，請尊重這個神聖的過程。

我曾與幾位朋友一起進行這個儀式。過程中，一位友人選到了沒有任何名字的頁面，我要他描述該頁的內容。那是一個老人和他的孫子一同乘風帆環遊世界的故事。我的朋友當下非常感動，表示已故的祖父曾在他小時候帶他一起出海，祖父對他來說意義重大。毫無疑問，祖父就是他的嚮導。參加我工作坊的治療師史蒂芬妮・克雷巴薩（Stéphanie Crébassa）也進行了這個儀式：她左手拇指下是「卡爾・古斯塔夫・榮格」（Carl Gustav Jung），右手則寫著「被遺忘的名字」。她問我該如何解釋。她的導師不是榮格，但這位嚮導可能叫作卡爾或古斯塔夫，該選哪一個呢？但她的運氣很好，右手指著「被遺忘的名字」。由於卡爾比古斯塔夫更常見，因此史蒂芬妮的嚮導名叫古斯塔夫。在詢問了母親之後，她得知自己的一位祖先就叫這個名字。

如果你遇到一個全名，例如開膛手傑克，並不代表你的嚮導就是殺人魔，而是你嚮導的名字叫傑克。如果你找到的名字與在世的親屬（孩子、父母）相同，不代表該名親屬就是你的嚮導，而是你的嚮導叫那個名字。

我在 INREES.TV 平台上的節目 Beyond 中分享了這個技巧，點閱次數已經超過二十萬次。許多民眾向我描述了尋找的過程。

在所有的分享中，米雪兒的故事十分特別。她閉著眼睛選中了一本醫學書籍，打開一看是內耳的解剖圖。左手拇指下方是猶士坦管（trompe d'Eustache，即耳咽管），名字是猶士坦。最不可思議的是，她小時候母親經常帶她去巴黎的聖猶士坦教堂，告訴她這位聖人會永遠保護她。當時米雪兒母親的直覺告訴她，聖猶士坦是女兒的嚮導。米雪兒在醫學書籍中找到一個充滿意義的名字，這樣的機率有多大呢？

你現在知道嚮導的身分，也知道如何與他連結了。現在，如果你對某件事情舉棋不定，可以學習向他求助。

最後，我想分享尼古拉．勒貝特爾（Nicolas Lebettre）的一個故事，他曾是代書，後來轉行成為治療師。那天，他的一位朋友也來參加工作坊，因為這位友人有嚴重的健康問題。情況非常危急，他正在等待腎臟移植。一開始，我感覺他對我示範的練習不是很感興趣。然後，我談到如何找到嚮導的名字。那天晚上，他出於好奇試著做了這個練習，結果找出的兩個名字令他大吃一驚，因為這兩個名字呼應了他一位已故家人的名字。他對此有了全然不同的看法。他就這樣被說服了，並求助於嚮導。隔天晚上，醫院打電話告訴他，他們找到了匹配的移植體！

這是一項不可思議的技巧，因為它能幫助最理性的人向看不見的事物敞開心扉。一旦習慣與嚮導交流，你就永遠不會感到孤單。他很樂意幫助你，尋求他的幫助是一種快樂和愉悅的體驗。

在嚮導幫助下做出決定的三種方法

1. 說出：「謝謝你，我的嚮導，幫助我在這種（仔細說明）情況下做出決定。」閉上眼睛，隨手拿起一本書，將大拇指隨機插入書中，不要睜開眼睛，然後閱讀書頁上的句子，它們通常會給你很大的啟發。
2. 臨睡前，你也可以用以下方式呼喚你的嚮導：「親愛的嚮導，請告訴我這個問題（仔細說明）的答案，並透過夢境給我啟發，謝謝。」晨醒時，即使你不記得夢境，也要感謝你的嚮導。如果答案不清楚，第二天晚上再做一遍，記得在早上感謝嚮導，直到有了清楚的答案為止。

3. 或是把每種可能的情況寫在紙片上，折起來，混在一起，然後問：「親愛的嚮導，我有一事相求（說明你的目的），請為我指引正確的選擇，謝謝。」誠心表達你的願望，最後隨意抽取一張紙片，閱讀內容。別忘了表達感謝。

第15章　克服恐懼

你花在擔心別人和擔心自己的時間一樣多嗎？舉例來說，你失業了，但忙於照顧某人的健康問題，於是沒有考慮重新找工作；你的感情狀況不佳，卻寧願花時間幫助別人；你擔心身邊的人受到虐待，卻沒有意識到自己小時候也曾經歷類似的事情……。說來不可思議，但關心別人（孩子、父母、配偶、朋友）的問題，其實是對自己傷痛視而不見的方式。你對他們表達的焦慮掩蓋了你自己的恐懼。事實上，如果你專注於別人的問題，卻不努力改善自己，這可能意味著：

- 這個人的情況與你的個人困境相似，你卻渾然不覺。
- 這個人的情況重新觸發你無法解決的情緒傷痛。
- 這麼做可以讓你忽視害怕的事物。

因此，你必須努力克服恐懼。

了解你的恐懼

跨世代心理治療師瑪麗—波爾．喬納森（Marie-Paule Jonathan）告訴我，人的恐懼有兩種形式：合理的恐懼和非理性的恐懼。

合理的恐懼

這些恐懼與你的個人情況有關。例如擔心沒錢、被批評、搶了別人的風頭、讓其他人失望、失敗或不成功。或是擔心身邊人的健康，或是自己無法幫助他們，或是害怕被拋棄或獨自生活。這些都是「小恐懼」。

非理性的恐懼

這些恐懼是由心理產生，掩蓋了合理的恐懼，這甚至就是它們的目的。它們通常涉及死亡（我們自己、孩子、配偶、父母），或是害怕變得瘋狂、殘疾或失去知覺。這些恐懼毫無根據（除非當事人健康狀況不佳或是你曾經喪子）。它們不是直覺或預感，因為它們代表的是一種恐懼煙幕彈。這些都是「大恐懼」。

舉個例子來幫助各位理解：如果你擔心缺錢，同時非常害怕身邊的人去世，通常只要財務問題得到解決，這些黑暗的念頭就會消失。一旦「小恐懼」消失，「大恐懼」也會隨之消散。人類心靈掩飾恐懼的手法往往十分巧妙，就像以下這個案例：一位年輕女子看到她無法自我反省的父親，就忍不住一再表達她的憤懣。雖然父親有嚴重的健康問題，卻拒絕戒菸戒酒。這種情況讓她非常惱火，因為她擔心父親會過早離開人世（這位女子的恐懼煙幕彈：父親過世）。事實上，她生氣是因為這種情況觸發了她的舊傷痛：她希望父親能聽她的話，能好起來，能感謝她並告訴她他愛她。她擔心沒能在父親活著的時候得到他的重視。在職場上也是如此，她覺得自己遭到無視（她合理的恐懼：大家什麼時候才能看到我的價值？）為了解決認可的問題，她可以改變看法，認為自己選擇這個父親是因為他的缺點和他讓她經歷的一切。與其鼓勵父親改變態度，她可以清理與他之間的痛苦連結（練習7），以便找到足夠客觀的距離來考慮寬恕。如此一來，她的父親會驚訝發現自己的女兒變得更加淡定。更重要的是，父親將擺脫他一直以來的內疚感，因為他深知女兒對他有所期待，也會停止用糟蹋健康來懲罰自己。

所以，不要等到遇到困難時才去克服恐懼，請主動識別它們！這裡提供一些具體的例子幫助各位找出恐懼。

當恐懼影響孩子

大多數父母都擔心自己的孩子。我們都希望孩子快樂，不會像自己有時必須面對痛苦，希望他們能從我們的經驗中受益，希望他們可以省下寶貴的時間，那麼最好的方法就是以身作則！但如果我們的感情生活停滯不前，我們是否還有資格提供愛情方面的建議？如果我們無法做出決定，是否還有資格提出建言？如果我們沒有能力從事對自己有益的事情（休息），我們還有資格批評孩子沒做對自己有益的事情（念書）嗎？如果我們看不清自己的阻礙，想要幫助孩子是否合理？因此，我們必須先從自己做起，更重要的是明白自己的時間表並不適用於孩子身上。為什麼他們不能有犯錯的權利、不能從生活中學習、不能獲得自己的經驗？允許孩子犯錯，可以幫助他們重拾掌握未來所需的一切力量，讓他們有機會親身體認這個錯誤，避免重蹈覆轍。

孩子的功能障礙也是我們認識自身傷痛的一種方式，看看以下這個例子：一位媽媽告訴我，她十五歲的兒子趁她不在家辦了一場派對。四十個年輕人把家裡鬧得天翻地覆，她怒不可遏，大喊自己的兒子不值得信任。他兒子非但沒有道歉，反而保持沉默，這讓她非常生氣。但真正的問題是，她兒子為什麼要瞞著她辦這場派對。她同意，自從與丈夫分居後，兒子似乎在尋求朋友的關心來作為補償。於是，他才會不惜一切，來彌補這種被遺棄的感覺。這位母親立刻意識到自己被遺棄的傷痛，明白這段歷史正在重演。於是，她進行練習9寬恕的練習來改善與父母的關係，並立刻感覺平靜許多。隨後，她想到一個與兒子重新建立連結的方法：她買了兒子愛吃的糖果，並藏在兒子上學的路上，然後發給他一封尋寶式的簡訊：「如果你想和朋友分享糖果，你會在某個地方找到糖果。」回到家後，少年給了母親一個大大的擁抱，請求她的原諒。在發現母子共同的傷痛後（在本例中是遺棄），這位母親對這件事情有了新的看法，並理解兒子隱藏在消極態度背後的動機（在朋友眼中出鋒頭）。

別和孩子談論彼此共同的傷痛。我們努力改變自己，這必然會對孩子產生正面影響。等到他長大成人，當他選擇在這一點上做出改變時，如果他願意，我們再和他談論這個問題。

當恐懼影響親人的健康

我有位朋友是年輕的祖母，她幾個月大的孫女吃什麼吐什麼，讓她不知所措。她和女兒都很擔心小嬰孩會有脫水現象，於是急忙帶他掛急診。當問起她的過去和家庭時，我得知她的祖母曾經喪女，祖母的女兒年幼時也因為重病住院，而她自己的女兒也是如此。因此，有三代母親都害怕失去自己的孩子！於是，我建議她女兒溫柔而堅定地對這個孩子說：「你吐奶是因為你感受到了我的恐懼。這不是你的恐懼，這是我的恐懼，也是在我之前許多女人的恐懼。我要把你從這些恐懼中解救出來。別擔心，一切都會好起來的。」一個小時後，她打電話給我，表示她的孫女第一次喝水沒有吐出來，他們一家人已經離開了醫院。

孩子是一面鏡子，他們吸收我們的傷痛，並將它們呈現在我們眼前。每當你為孩子擔心時，請聆聽內心的迴響。孩子很粗暴……，誰曾對你施暴過？你的女兒受到侵犯……，小時候誰侵犯了你（對這些人進行練習5和練習6，但不包括你的孩子）？孩子生病時，你會把他經歷的事跟什麼情緒連結在一起？與你家中所有經歷過同樣情緒的成員，一起先後進行練習5和練習7。從自己做起是幫助孩子最好的方式。

當恐懼影響親人的感情和財務生活

妮可是我朋友的鄰居。有天她打電話給我，深信有人心懷不軌對她女兒施展了黑魔法。她解釋說，女兒總是愛上那些甩了她的男人，而且剛以低於行情的價格賣掉了自己的公寓，購入二手車的價格也遭人誆騙。關於她女兒的感情問題，直覺告訴我，問題出在她父親所經歷關於感情忠誠的考驗。我問她前夫是否經歷過重大的感情打擊，妮可回答，他們離婚已經二十年，但前夫始終無法釋懷。於是我建議她教導女兒清理與父親之間的痛苦連結（練習7），指出她非常愛父親，但不想再背負父親的感情挫敗。接著，我問妮可對金錢的態度是什麼。「我很愛錢，我曾經非常缺錢。」妮可把對缺錢的恐懼轉化為對女兒缺錢的恐懼。這其中並沒有任何黑魔法的痕跡，只是她無意識將自己的恐懼投射出來，只要消除這種恐懼，她就可以解決女兒的難題。最理想的情況是，女兒也能清理與母親的痛苦連結，堅持這種缺錢的恐懼不屬於她，她也不想再背負這種恐懼。

別忘記，每一次的考驗都是一份禮物：這是治癒我們的創傷或從親人那裡繼承的創傷的機會。

當恐懼影響自己的健康

諾艾咪有個控制狂母親，父親則在她很小的時候死於癌症，她認為父親是被這位暴虐妻子折磨得無法忍受而自願尋死。在一次簡單的乳房檢查中，醫生發現了一些深色斑點，便建議諾艾咪進行切片檢查，時間就訂在她度假回來的時候。她告訴我，她害怕自己年輕早逝，因為母親讓她承受了太多痛苦。我建議她執行靈魂恢復練習（練習5，然後與母親進行練習6），並切斷與母親的痛苦連結（練習8），這樣她母親的陰謀詭計就不會再影響她。同時，她也得清理與父親的連結（練習7），讓她的靈魂走向光明。進行切片檢查當天，醫生沒有發現任何異狀，褐色斑點也消失了。

有天，我在臉書看到一位治療師的貼文，她很擔心一位病人在手術前的情況，便呼籲「所有好心人向這位年輕人發送正能量」。這是一個嚴重的錯誤，因為我們不知道誰會讀到這篇貼文。一個失去孩子的人可能會不自覺對這個病人的存在感到眼紅，讓對方接收到不好的能量。當有人罹患癌症或重病時，情況也是如此。我們有時會在網路上看到「號召所有人的能量來幫助這位病人」的貼文，但我們不會知道是哪些細胞會接受這些能量，是癌細胞還是療癒細胞？

寬心對待我們的親人

- 我們不能代替他人進行練習，因為我們無法接觸到他們的靈魂。絕對不能要求未滿十八歲的兒童進行這些練習（因為他們的意識還沒準備好，這可能會對他們造成傷害），也不能強迫某人正視問題，因為他們可能還沒準備好接受某些艱難的經歷。

- 不過，我們可以請自己的嚮導給我們所擔心的人的嚮導傳遞一些訊息。如果時機成熟，情況就會好轉。

我有個朋友的哥哥失蹤了。他在妻子過世後情緒低落，盡其所能撫養兩個十幾歲的孩子。不久前，他找到了一份新工作，專門幫助弱勢群體。有一天，他原本約了我朋友共進午餐，但時間一分一秒過去，他卻遲遲沒有出現。三十四個小時後，我朋友還是沒有他哥哥的消息，但是這段時間並沒有任何事故報告，警方也動員巡邏，不過都無濟於事。她非常擔心，於是打電話給我。為了找到失蹤的哥哥，我建議她點燃一支蠟燭，聯繫她的嚮導，請他與她哥哥的嚮導對話，請求他對哥哥的靈魂低語：「無論你有多麼自責，多麼厭倦，多麼絕望，總會有解決的辦法。你為遊民所做的一切很了不起，你可以對自己感到驕傲。不要失去信心，我們愛你。」一小時後就找到了她的哥哥！他在一條穿越森林的蜿蜒道路上發生車禍，所以之前一直無法找到他的車輛。當時身受重傷的他突然間恢復知覺，並找到手機聯絡急救人員。在父女關係出現嚴重問題，同時覺得自己再也無法處理彼此之間的難題之後，這次事故無疑是一種放棄的表現。我朋友透過雙方嚮導傳遞給他的訊息，也就是靈魂之間的溝通，讓他再次對生命充滿信心。換句話說，我朋友拯救了自己的哥哥。

考驗是宇宙讓我們意識到所有人皆彼此相連的方式。每當我們對親人抱持批評或擔憂的態度時，請先謙卑地想想，他們其實就是一面鏡子。要幫助所愛的人，我們必須先安慰自己。如果親人的態度令人惱怒，請記住，我們吸引過來的人和情境都是在指引我們自己的傷痛。擺脫這些傷痛，我們才能獲得全面的平靜。

練習12

找出並消除恐懼

1. 你是否希望先幫助他人再幫助自己？這種態度掩飾了你自己的恐懼（和舊傷痛）。
2. 將非理性的恐懼（死亡、殘疾或瘋狂）與合理的恐懼（跟你的處境有關）區分開來。
3. 大聲對非理性的「大恐懼」說：「過去你一直在隱藏我的其他恐懼，但我不需要了。我要解決我的舊傷痛，我不要你的掩飾。你可以離開了。」以善意且平和的態度與它對話。
4. 檢視你的合理恐懼，並試著找出重複的傷痛。請你的嚮導透過夢境給你答案，或是指引你找到合適的治療師，幫助你了解自己的問題。如果重複的傷痛與父母有關，請進行練習7來清除痛苦連結；如果傷痛與內疚有關，則進行練習9。
5. 大聲向你的合理恐懼說：「對……的恐懼（說出它的名字），你可以離開了。我明白自己一再經歷遺棄、委屈、背叛等傷痛，我會做我該做的事來治癒它。」

6. 想像你將自己的恐懼交付給雲朵、大海或風。

7. 每天寫下三件帶給你快樂、愉悅或幸福的事。例如睡了一個好覺、吃到第一批時令櫻桃、巧遇一位朋友等。讓你的思緒專注在令人快樂的事情上。與他人分享這個幸福儀式，有助於你回顧這三個快樂時刻，效果會更好。

第16章 居住地的力量

一位可貴的盟友

在西方，我們說有志者事竟成，人和人的意志被視為一切的核心；但在東方，人們的想法恰恰相反。瑪麗—皮爾．狄倫塞傑（Marie-Pierre Dillenseger）長期研究中國的能量學，受各大企業延攬擔任空間和時間概念的專家，投入極具啟發性的研究。[8]她解釋說，在中國，行動的成功與否，百分之20取決於我們的行為，百分之30取決於做決定的場所，百分之50取決於行動的時機。相信各位都曾注意到，無論是工作、家庭還是健康，時間似乎都會根據不同的時機（我們稱之為「吉」年或「凶」年）而對我們有利或不利。在做決定時，狄倫塞傑建議將我們的決心與我們所在地點（家宅、公司）的優勢結合起來，以彌補時間的不確定性。這樣做可以避

[8] 請參見：《勇敢實現：做自己的十二個關鍵》（*Oser s'accomplir. 12 clés pour être soi*，暫譯），Mama éditions出版，2019年。

免在時機不利的情況下讓自己焦頭爛額。

如何從居住地的優勢中獲益？各位可能已經注意到，世界各地都有人會在家中擺設小祭壇，供奉祭品，奉祀所在地的靈魂。在法國，我在弗蘿宏斯．余貝爾（Florence Hubert）的帶領下，發現了一種存在於每個住宅中的微妙能量。無論場所新舊，每個地方都有自己的守護者，擁有屬於自己的實體。當然，我大可以將這種地靈視為一種無傷大雅的迷信，一種沒有多大意義的心理魔法安慰，但不得不說，余貝爾對這個問題的看法與全球三十多億人的做法不謀而合，特別是在中國、印度和日本，它們都是世界上最富裕的國家。心理治療師雅克．羅格斯（Jacques Roques）與大衛．塞爾萬—施瑞伯（David Servan-Schreiber）共同創立了法國的EMDR，他對此表示：「我們被剝奪了心靈形象所提供的心理力量，只因它們不符合事先定義的科學標準。」

練習13

與地方守護者建立連結

1. 站定在任何一個空間裡（能量無所不在）。
2. 大聲對地方守護者說：「親愛的守護者，我很高興知道你的存在，也很高興認識你。今天是我們合作的開始。」
3. 每當想到他時，請以開朗、尊重和友好的方式向他致意。
4. 請求他協助時，別忘了感謝他。

地方守護者

二〇一六年，我們住在一間租來的公寓裡，期間發生六次漏水事件，都是來自樓上的租客。我覺得這是個測試以上練習是否有效的機會，便立刻與公寓的守護者對話：「我很高興與你建立連結，希望你幫助我們解決漏水的問題。」一年過去了，沒有任何漏水現象，但後來又出現如同尼加拉瀑布一樣的大漏水，於是我向守護者表達自己的失望：「我不明白這次又漏水的原因。」就寢時，我請我的嚮導透過夢境告訴我原因。醒來後，我突然有了個想法：房東有義務確保我們使用公寓的所有權利，然而每次發生漏水，都需要等待房間風乾，請專家前來鑑識後，接著再進行維修工程。一個房間就這樣被閒置超過四十一個月！我立即按照災損面積和租金的比例計算損害金額，以便盡快在預定的搬家計畫前迅速獲得賠償。我提議房東支付該金額的一半作為補償。當然，我的要求毫無回音。於是我把這個案子交給我的法務助理，同時也託付給地方守護者，我對他說：「這次漏水你會幫助我們獲得一筆意外的財務賠償，感謝你讓我們得到這筆款項，幫助我們支付搬家費用，拜託你了。」在我們發送搬家預告書的前兩天，房東支付了我們要求的金額。我真是不敢相信，也立即感謝我們公寓裡那位看不見的盟友。

從那時起，我養成了連結地方守護者的習慣。例如在我寫作的巴黎小套房中，我會點燃一支蠟燭放在燈罩中向他致意。有一天，我決定賣掉這間套房，買家是位認真的年輕女性，在銀行任職，並確信可以在年底前獲得貸款，以避免代書費用調漲。當時是秋天。十一月和十二月過去了，我沒有收到消息。到了一月中旬，這位年輕女子希望再次參觀公寓，我原本擔心她已經改變主意。在她二訪的隔天，陪同她的仲介打電話給我，為自己在參觀時打破了燈罩向我道歉，那是我用來放蠟燭向守護者致敬的燈罩！我覺得這是個徵兆，立刻對住所的守護者表示我沒有遺棄他，而是打算搬到鄉下過安靜的生活。然後，我誠心感謝他在我寫作的這些年裡給予的幫助，接著向他告別。五十分鐘後，就在我向丈夫談及這些事時，對話被代書的一通電話給打斷：這位年輕女子剛剛獲得了貸款！事情的進展如此迅速，而我已經等待簽約等了近三個月！如果把這些事看作是巧合不免可笑。我確信，地方守護者一直在等待這最後一次的交流。但對我有效果的事物，對其他人是否也會奏效呢？關於這方面，我抱持懷疑態度。然而接下來的例子向我證明了它的力量，最後說服了我。

二〇一八年一月十八日，在一次工作坊中，我提議經歷過被人控制的學員們閱讀《沉默的傷痛》，以了解這本書是否能夠幫助他們。伊莎貝爾同意了。她私下告訴我，她無法離開丈夫，因為她必須賣掉房子才有足夠的錢離開這段關係，但是他們與鄰居纏訟至今已經八年了。情況陷入僵局，伊莎貝爾感到很絕望。在沒有其他選擇的情況下，我建議她與家中的守護者建立連結，向他解釋她需要幫助，她必須為了自己的生存賣出房屋。最重要的是，我要求她感謝守護者為她付出的一切，並強調她是被迫離開。以下是她六天後發給我的訊息：「我和我家的守護者談過了，二十四小時後，我就收到律師的電子郵件，告訴我官司會在二月八日開庭！」（即兩週後！）法院在三月十五日宣判伊莎貝爾勝訴。所有曾經跑過法院的人都知道，法院必須處理繁瑣的文書工作，經常得等待很長一段時間。然而，伊莎貝爾的案件原本拖延了八年，竟然在一個半月內就解決了！

我也在一場由巴黎高等商學院校友主辦的演講上，提到了地方守護者在這方面提供的神奇幫助。我當時很驚訝，因為想像中對無形事物抱有排斥態度的這些創業領袖，竟對此十分感興趣。有人很認真地問我，船上和國際太空站裡是否也有守護者。就像任何其他地方一樣，答案是肯定的！其中一位企業家告訴我，他每天都跟辦公室裡的一座大狗雕像說話，他開心發現它就是辦公室的守護者。有時與一個具體的形象或物體對話比對著空蕩蕩的房間容易得多，為什麼要無視這個好幫手呢？

我的一位朋友參加了我的工作坊，理解嚮導和地方守護者可以提供適時的幫助。一個月後，她打電話給我：「我第一次大聲對著門口說話時，覺得自己很可笑。但是之後出現了非常驚人的具體效果，我才放下了理性至上的思維。坦白說，我現在經常向地方守護者和我的嚮導說話，好像我一直以來都是如此，和盟友交談的過程變得十分自然。」

更感人的是派崔克的這封信，他是一名醫生，參加了我的工作坊後，寫信告訴我他在某次研討會期間感受到地方守護者的喜悅。「這太不可思議了，因為我立刻就感受到它的善良和熱情。抵達這個城市的時候，我感覺到有人在等著我！」

- 地方守護者位在住所（或公司）的室內，靠近入口的左邊或右邊，有空間的地方就有他。只要我們與他交談，他就會出現在房間裡。建立連結，與他交談，善意地對待他、問候他，請求他提供與地點相關的幫助，然後感謝他，這能確保合作愉快。在企業、大樓或同一家族的樓群中，整個場地只有一個守護者。你可以請求他保護你的家不受任何惡人侵害。

- 在你想搬家的那天，請求他的支持。準備一個紙箱，放入一些物品作為離開的標誌。感謝他這些年的照顧，然後請求他幫助你找到另一處住所。
- 守護者與地點緊密相連（即使是剛蓋好的新房），如果你離開，他不會跟著你。搬家前記得向他告別。
- 如果你擁有花園，就會有一個以樹的形式存在的守護著。請他保護你的家，照顧四周的自然環境。

第17章 保護自己

扎根

當你多年來處於失衡狀態時該怎麼辦？第一種可以幫助你重回平衡狀態的著名技巧，即所謂的「錨定」，更具體地說就是「扎根」。想像自己是一棵樹，你即將恢復穩定。

練習14

扎根

1. 準備錄音筆或手機，錄製以下短語。
2. 站起來，雙腳平行並輕微打開。坐輪椅的人，請想像自己站著（別忘了你的鏡像神經元具有不可思議的力量）。
3. 選擇你要連結的樹木。它可以是你花園中的樹木、公園裡的樹木、你童年時的樹木或森林中的樹木。注意，這棵樹必須是筆直的。事實上，「歪曲」的樹木是在地磁的干擾下生長，最好不要汲取這種能量。

4. 閉上眼睛，想像自己就是那棵樹。你的頭和手臂是它的枝幹，與天空相連。陽光照亮了樹冠，微風拂過，爽颯宜人。你的軀幹是這棵樹的主幹，它筆直而硬朗，延伸穿過你的骨盆、腿部和小腿。在你的腳掌上，有兩根巨大的根有力地扎入地底。這些根深入地球的中心，慢慢汲取土壤的力量。每一個根部都產生了數十條小根和數百條白色的鬚根，它們從土地裡汲取能量。你的根部碰到了一些水、一片肥沃的土壤。這些根不斷生長，深入地下，往下延伸遇到了黏土層、沙土⋯⋯。它們在鵝卵石四周滑動，並繼續深入地球的核心。你兩條巨大的根和所有根鬚收集了你所需要的能量。它們變得更強大、更穩定，這片土地毫不保留地向你付出。你繼續深入地底，走向一股溫馨的暖意。

5. 現在，想像你沿著根部緩慢向上移動。這些根充滿著能量、微量元素、水、養分、穩定性、力量，以及所有你需要的一切。緩慢沿著你的根部、根鬚往上，感受它們具備的力量。緩慢上升，持續上升，帶著土壤基質和有益的能量。這份穩定就在你的體內。

6. 最後，重回到雙腳的位置。擁抱這種感覺，繼續將能量沿著小腿、膝蓋、大腿往上送，直至骨盆。將這股能量儲存在肚臍的位置，即身體的重心。現在，你已經透過你的根與地球的中心相連，並透過你的枝幹與天空相連，實現了完美的呼應。

7. 睜開眼睛，感謝這棵樹。

如果在執行這個練習時感覺到搖晃，這代表你的根基不夠穩固。從第二天開始，連續幾天重複進行，直到感到真正的穩定為止。當我們面臨考驗時，扎根有助於在風暴面前保持堅定。如果聽到了親人的不幸遭遇，或者你是一位治療師，進行扎根練習可以幫助我們重新回到平衡狀態。

能量治療師克里斯多夫・諾艾爾（Christophe Noël）針對這個練習寫信給我：

「我會進行家宅清理（出現負能量時），有時還會進行驅魔儀式。儘管在進行這些儀式前，我採取了各種保護措施，但我經常感到精疲力竭，以至於無法自行抽身，經常得請同事來協助。我剛剛發現，在進行你傳授的扎根方法後，我前往了三個地方都沒有受到負面影響，而且我可以告訴你其中一個地方滿滿都是負面能量。」

從現在開始，請各位進行扎根練習吧！

清理你的細胞

就像洗澡和精心打扮一樣，現在你將學習清理你的能量以及圍繞著原子的微妙訊息，也就是某些人所謂的靈氣。這個練習很有幫助，因為你的能量外衣被恐懼、憤怒，有時還被焦慮或內疚所汙染，這些汙染會干擾你的內在雷達（直覺），導致你在日常生活中犯錯。這裡再次感謝余貝爾分享以下練習。

練習15

清理你的細胞

1. 找一束乾燥的白色鼠尾草（例如去藥草店），然後準備一只空的玻璃杯和火柴。
2. 點燃鼠尾草的葉端，然後立即輕輕吹熄火焰。鼠尾草會冒出白煙。將整束鼠尾草放入玻璃杯中，再將杯子放在地上。
3. 站在杯子正上方，雙腿稍微分開，使煙在你的兩腿之間上升，該處對應你的第一脈輪位置。如果你行動不便，可以將它放在輪椅下。
4. 大聲朗讀以下段落，花點時間觀想你所說的一字一句。再次強調，意念非常重要。
5. 「感謝我的嚮導和光之子，幫助我重新平衡我的細胞。」然後用力吹氣，鼓起肚子呼出三次。接著說：「現在，所有的醜陋、黑暗和痛苦都轉化為光之子的能量。感謝我的嚮導和光之子，清除我的能量阻礙，讓我的負面思維和其他人的負面思維重返光明。」

6. 想像鼠尾草的煙包圍著你，繼續說：「所有屬於他人的東西、一切阻礙我的事物、所有不公平的事物都迎向光明，所有顛倒的事物都回歸正常。」

7. 再次用力吹氣，鼓起肚子呼出三次。最後說：「讓所有正能量小細胞重新排列在我周圍，讓我所有的光明回歸，讓我所有的脈輪重新對齊，回歸原位；從上到下，從下到上，並且重拾它們的顏色和位置。讓所有正能量小細胞都能按照自己的節奏和正確的方向轉動。感謝我的嚮導和光之子幫助我重拾平衡。」

8. 最後一次用力吹氣，鼓起肚子呼出三次。

9. 重複以上所有步驟三次。

最後別忘記在水泥或石頭上輕輕拍打鼠尾草莖末端，以熄滅火苗，防止葉子繼續燃燒，下次可以重複使用它。

淨化自己

我統整了十幾種淨化儀式的精華，並參考靈媒和治療師米耶哲的建議，優化出下面的淨化練習。她建議我們將一切有害的東西送回它們原來的地方。這個練習不需要任何道具，因此任何人都可以輕鬆進行。

練習16
淨化

請大聲說出：「感謝我的嚮導、光之子以及所有高尚和善良的靈魂，協助我進行這次淨化。謝謝你們將我所有的負面思維，以及屬於其他人的負面思維都化解成淨化之光。對於我周遭或我內在可能存在的一切阻礙，感謝你們將它們送回到原來的地方。對於未解決的衝突和痛苦的記憶，感謝你們讓它們充滿光明，在這一生和其他來生裡進行療癒。感謝你們協助我的能量體完美重組，一切重回正軌並重新聚攏在我的肉身周圍。願一切平衡且和諧。

感謝你們幫助我的肉身、能量體、靈氣和構成我的各個層次，都能完全被清理、淨化，獲得平衡、和諧，並使我的整體能量結構得以修復和平衡。感謝你們讓我充滿光明、正能量和宇宙之愛。感謝我的嚮導、光之子以及高尚和善良的靈魂，感謝你們完成這次淨化，感謝你們的庇護。」

如果在進行淨化儀式時有人打擾，或者你想在日常生活中加強自身防護，請說：「願無盡之光進入我的體內，用它的力量照耀我！」你可以到此為止，但如果你感覺需要額外的保護，可以想像有個泡泡圍繞著你，它是半透明的金色和紫色，就像一個巨大的肥皂泡，從你的腳下穿過並延伸到頭頂上方，然後說：「所有屬於他人的負面能量和想法，請離開這個泡泡。所有屬於我的負面能量和想法，請離開這個泡泡。只有我的正面能量和想法可以留在這個光明的泡泡中。」

經過一天繁忙工作和多通電話，加上某些不愉快的情緒，我們回到家後通常會感到很疲憊，這些練習可以讓你感受到真正的釋放。另外，請記住，你應該定期進行這些儀式，當作是釋放恐懼和情感傷痛的補充練習。

靈媒和療癒師總是說：「水能切斷負面的思緒和行為。」特別是鹽水。如果你有機會去海邊，不妨嘗試在水中想像你的思緒、想法、恐懼和內疚感獲得了海水的淨化，同時滌淨所有不屬於你的情緒。

接下來還有一種在大自然中增強力量的方法，可補強這個練習。

恢復能量

練習17

樹的能量儀式

1. 在森林、公園或你的花園中，選擇一棵直挺的大樹。
2. 站在距離樹幾公尺的地方，心裡默默請求接近許可，就像對待動物一樣，讓它先聞聞你。

3. 建立連結之後，向前走，靠在樹幹上，背對或面對都可以。請求樹給你能量。

4. 想像它的樹汁透過你的腳進入身體，為你注入力量、溫暖和善意。

5. 當你感覺好些了之後，可以感謝這棵樹。這種「有意識的依偎」會產生強烈的情感。可以嘗試用年輕的樹來進行這個練習，體驗不同的感覺。

樹已經有三點八億年的歷史，而人類在六百萬年前才出現。樹是地球生命的祖先，盡可能親近並尊重它們，讓它們的存在滋養我們。重新與大自然建立連結是重拾喜悅的神奇方式。

遠離負面的自己

為什麼擺脫負面思維很重要？因為它們會傳遞訊息。當我們大聲說出自己的想法時，就會為它們注入額外能量。由於人體主要由能量和訊息所構成，因此我們所思考和說出的一切都會深深印刻在我們的細胞裡。

如果你對某人懷恨在心，身體就會吸收這種能量，並將其攜帶在身上。奇怪的事發生了，你的日常生活開始受到干擾，一連串不愉快的事件紛紛找上門來。你身邊的人，甚至是陌生人（購物中心、路上、客戶、社群網站上）都會做出莫名其妙的暴力行為，呼應你投射的想法，而你自己卻沒有意識到，結果導致事件接踵而至。例如「今天早上我和男友／女友吵架。上班途中，後方駕駛因為我沒有看到號誌轉為綠燈而對我大吼大叫。最後，同事在我提案的過程中取笑我。」

當你對一個人有負面想法，批評對方而不去了解他為什麼會這樣做時，你的「振動率」就會改變，這是因為構成你的能量頻率改變了。這樣一來，你就會傾向以最負面的角度看待事件，因為你用來形容對方字詞的能量籠罩著你。換句話說，你只看見杯子有一半是空的，錯過了正面思考的機會，因為你的細胞之間沒有相互協調。一切都會受到你思維投射的影響。

關於這個問題，韓國佛教大師成南法師（Seongnam）提供我一個非常清晰的圖像，說明我們思想、行為和語言的作用方式。要了解這個過程，請將手擺出準備開槍的姿勢，食指向前方伸直，拇指朝上，其他三根手指朝自己彎曲。

食指代表你的思想和行動；向上伸直的拇指代表宇宙透過強化你的想法或行動而產生的結果；其他三根手指代表返回你身上的事物。你的想法或行為會被宇宙強化，然後以三倍的形式回到你身上。如果你批評某人，就會有更多人批評你。如果你偷了別人的東西，你將在其他方面失去更多。同樣地，如果你慷慨大方，你也會得到更多。

總之，如果你凡事都看到積極的一面，生命也會加倍善待你，這一切取決於你四周

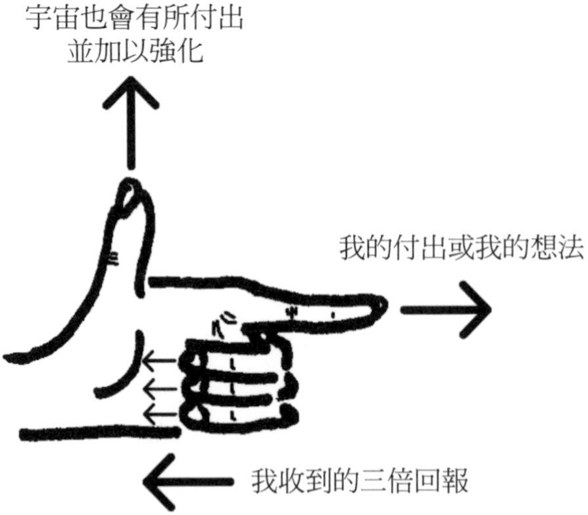

和你內心流動的能量。你越尊重別人，別人就越尊重你。如果你對自己寬容（例如對自己說「我做得不對，但我已經盡力了」），那麼就會對別人更寬容，別人也會對你更加寬容。這樣一來，你的生活就會更順心。

這張圖證實了一個假設：我們會吸引源自自身傷痛的對象和情況。各位正好可以問問自己，從今天早上開始，你在想什麼……，你的思維方式可能會徹底改變你的未來。

天天都幸福

通過考試

許多擔心孩子考不好的父母，在考試前、考試期間，一直到考試結果揭曉之前，進行了下面的練習18，並和我分享孩子奇蹟般通過考試的驚喜。創造一種平靜狀態（而不是恐懼），是我們可以為身邊的人提供的最好幫助。

練習18

找到幸福

1. 大聲說：「我祝福……幸福。」發自內心誠懇地說出這句話。
2. 選擇三個人，祝福他們成功、健康和平靜。如果對方是親人，這很容易做到，但是請嘗試在街上以陌生人為對象進行練習。最理想的情況是，你能以那些令你不開心或冤枉過你的人進行練習。請誠心完成這個練習，這一點很重要。
3. 體會自己的感覺。如果你每天都進行這種善意的練習，每次都選擇三個不同的對象，快樂和喜悅將會降臨在你身上。
4. 始終保持正面態度，讓宇宙放大環繞你的正能量。

第18章 改善睡眠

法國是全世界安眠藥和鎮靜劑用量最大的國家。精神科醫生和睡眠專家派崔克．勒莫瓦納（Patrick Lemoine）在接受我採訪時，表示這種情況十分令人擔憂：「衛生部說，藥物不應作為一線治療手段，必須優先考慮放鬆技巧或認知行為療法，但健保只會給付藥物費用。這確實是個問題，因為研究指出，在十萬名接受治療的對象中，服用這類苯二氮平藥物超過三個月的人，死亡風險會增加一倍，更不用說記憶力會明顯下降，還有可能導致阿茲海默症。此外，千萬不能任意停藥，因為可能會導致癲癇和嚴重的精神錯亂。」[9]

你是否對睡不好感到焦慮？對於那些超過六十歲、擔心再也無法像嬰兒一樣好睡的人，勒莫瓦納指出，隨著年齡增長，我們的睡眠深度會降低，夜間醒來的次數也會增加，這些都是正常現象，沒有必要服用抗焦慮藥物、鬆弛劑或安眠藥來改變

[9] 請參考其著作《入睡吧！終結失眠的全盤計畫》（Dormez ! Le programme complet pour en finir avec l'insomnie，暫譯），Hachette出版，2018年。

你現在自然睡眠的節奏。坦然接受你會在夜裡醒來中斷睡眠，因為這是正常現象。

關鍵在於醒來時的感覺

如何判斷自己睡了個好覺？勒莫瓦納認為，如果一覺醒來感覺精神很好，白天也沒有精神不振、注意力不集中或記憶力減退等問題，那就代表一切正常。他補充說：「睡眠並不是重點，重要的是你醒來時的感覺。」但如果你醒來時感到疲倦，如何才能改善睡眠呢？

改善睡眠的建議

1. 如果你正在服用鬆弛劑，請諮詢醫生逐漸減少劑量。
2. 飲用花草茶或口服草本補充劑，如纈草、西番蓮或洋甘菊。你還可以請醫生開立褪黑激素（一種天然激素，告訴大腦該睡覺了）。
3. 進行有助於放鬆的療法，如冥想放鬆、催眠、EFT 等。

4.每天晚上，在下班回家和上床睡覺之間創造一個過渡時段。選擇一項靜態活動，如閱讀、打毛線、收看電影台：必須將睡前的這段時間儀式化，好讓身體養成發現入睡徵兆的習慣。總之，讓你的身體做好準備。

5.避免使用平板和手機，因為螢幕產生的藍光和白光會干擾褪黑激素生成，阻礙入睡。

6.睡前泡一個溫水澡或淋浴：體溫下降有助於入睡。相反地，在早上要用熱水沖澡（體溫上升會刺激有利於活動的激素生成）。

7.頭部遠離會產生電磁波的物品：電子鬧鐘、電燈、待機的手機、無線電話、網路盒等。

8.避免睡在彈簧床墊上，因為它會增加電磁場。

9.有時地下水交匯處會產生有害的波動，即所謂的負地磁點，睡在上方可能會影響睡眠。請將床移動幾公分或換房間，比較你的睡眠品質或健康改善的狀況。如果有疑慮，請諮詢地球能量學家的意見。

10.為了安穩入眠，請將電視從臥室移走，不要在床上工作，臥室是專門睡覺的地方。最後，清空臥床上的情緒垃圾（參見練習19）。

留意身體過載的情況

你可能很容易入睡，但會在半夜醒來，接著就無法繼續入睡。針灸師侯貝爾．科維西耶（Robert Corvisier）透過中醫來說明這種現象。白天，我們有很多場合會感到生氣，而到了晚上，消化這種情緒的是肝臟。另外還有糖、酒精和油膩食物等這些複雜分子，它們都會增加肝臟的負擔。儘管肝臟是人體最大的重要臟器，但有時它也無法處理這些過多的工作量。這時，它就會把工作轉交給脾臟，脾臟會在凌晨四點左右開始工作。脾臟之所以被稱為反芻器官，是因為它會讓我們胡思亂想，這就是為什麼我們經常在夜裡的這個時候醒來：這是身體發出的訊息，說明你的肝臟忙不過來。如果發生這種情況，請別猶豫，立刻諮詢可以協助肝臟和脾臟排毒的治療師（指壓、針灸、穴位按摩等）。

清理床的能量

家裡最需要清理的地方就是你的床，因為在睡覺時，你會把所有煩惱帶到床上。你在床上工作、寫郵件、觀看悲傷或恐怖電影；在床上經歷和家人或朋友有關的挫折和憤怒。因此，你睡覺的地方被情緒所汙染。此外，你可能會注意到，有時即使生活一切順利，但只要一躺在床上，負面想法就會湧現。這是因為在休息的時候，你會毫無保留地讓自己沉浸在無意識和周圍的能量之中。

以下這個淨化儀式是地球能量學家文森・納維澤（Vincent Navizet）慷慨分享給我的。他的方法是使用工具（Lecher 天線、擺錘、小棍棒）來感知地殼縫隙發出的電波。

練習19

清理床的能量

1. 站在床的一側，雙臂張開，手掌朝天。
2. 大聲說：「讓這個地方所有的負面能量和負面思想都消失在地底。」說這些話時請用力呼氣，並將雙臂往地面放下，就好像你將這股能量導入地底。

3. 接著說：「如果還有負面能量，請光之子將它們帶入光明。」說這些話的同時，將雙臂舉向天空（如果光之子這個說法讓你感到不自在，可以說：「如果還有負面能量，請把它們帶入光明。」）

4. 最後說：「讓這個空間充滿愛和光明。」然後表示感謝。

如果你住在公寓裡或在另一個房間的樓上，請放心，你並不會將這些負面能量傳送到鄰居床上，它們已經直接進入地底，被土地分解了。

家中的每個房間都該落實這個練習。每個月進行一次就夠了，但如果你跟伴侶爭吵，或是在一個睡不好的夜晚後感到疲憊，請即刻重新開始。你也可以在旅館或在朋友家過夜時進行這個練習。同樣地，你也可以在清理家中每個房間的過程中，感謝地方守護者，請他協助你進行這個儀式。對於所有請求幫助的儀式，請不要忘了進行時要帶著誠心和微笑。

第19章　培養你的直覺

人類經常與動物相比來彰顯自己具有高等智慧。然而，在做決定的時候，各種情緒的介入和不確定性的感受，讓我們就像是海底的海藻一樣搖擺不定，但是動物則可以憑藉直覺快速而明智地行動。該如何在不出錯的情況下做選擇？如何做出正確的決定呢？

傾聽你的身體

我在接觸野生動物的過程中，意識到了直覺的力量，當時我正在拍攝法國第三台的節目《大自然英雄》（*Les Héros de la nature*）。節目的宗旨在於表揚致力於拯救瀕危物種的英雄。我走遍世界，有時在北海的破冰船上與鯨魚相伴，有時在亞馬遜尋找蝙蝠，曾經在婆羅洲冒死幫助紅毛猩猩，並在烏干達的象群面前喜極而泣。

有一次，我和攝影師拍攝湖邊的一群河馬，當時我的直覺要我告訴他：「河馬媽媽會站起來，帶著小河馬走到灌木叢後面，朝著那個方向走去。」河馬媽媽確實就這樣做了，我們都感到很驚訝！獵豹、鱷魚、鴨嘴獸……，相同的經驗一再發生。我自己的結論是，我成功與動物世界建立了連結。

後來，我和丈夫一起為*Géo*雜誌進行採訪，報導我們的薩滿啟蒙之旅。他負責攝影，我負責文字。當發現自己與植物（薩滿所稱的神聖植物）也能進行交流時，我心想自己的直覺也延伸到了植物上。最令人匪夷所思的是，這種直覺開始不由自主地在我日常生活中顯現出來。

由於製片人提艾里．貝羅（Thierry Berrod）的一句話，我才發現自己感興趣的所有主題幾個月後都成了重大時事。例如有一天我讀了德國研究人員漢斯．卡茨（Hans H. Kaatz）的一篇科學文章，內容證明了基改油菜的基因是透過一種細菌轉移到蜜蜂身上，我腦中立刻閃過蜂群大量死亡的場景。突然間我心血來潮，想要寫一部以此為題材的未來主義小說。我聯繫了瑞士、德國、美國和法國的研究人員搜集資料。十一個月後，全球首次蜜蜂大規模死亡事件登上了媒體頭條。因此，我才有機會拍攝法國首部有關蜂群死亡的影片，並應法國國家科學研究中心和自然歷史博物館的邀請進行演講，這都要歸功於這次大規模的調查。

這些直覺曾多次引導著我。例如我曾經拍攝一部關於自閉症的紀錄片，五個月後自閉症就成了「全國重大疾病」。無獨有偶，某天我在一篇關於德國首次發現羊冠狀病毒的文章裡示警，八個月後歐洲有三萬一千個養殖場受到影響。我潛心研究擺脫騷擾和操控的方法，寫下了《沉默的傷痛》一書，在將手稿交給出版社的三個月後，就爆發了哈維．溫斯坦（Harvey Weinstein）性侵案。二〇一六年，我在《血脈根源》（*Les Racines du sang*）書中強調過量使用乙醯胺酚的致命風險，二〇一九年七月，法國國家藥品安全管理局便強制規定在含有該成分的所有藥物盒上標示相關警語。

最終，透過與比我更崇高的東西的連結，幫助我開發了我的直覺。然而，如果排除心靈，以及它所誘發的恐懼和幻想，以上這些經歷唯一的共同點就是我的身體。這個軀體每天透過顫動、發出咕嚕聲、緊繃等方式與我們交流。它向我們傳達饑餓、口渴、睡意、欲望、反感，甚至告訴我們是否感受到某人的特別之處，即使這是我們第一次遇到對方。感謝身體，是它將我連接到這個萬物彼此相連的宇宙。

你的心聲

為了學會傾聽為你好的那個內在小聲音，這裡提供各位一個非常簡單的練習。為了防止大腦喧賓奪主，請務必用最短的時間來進行這個練習。

練習20
開發你的直覺
1. 坐下，放鬆身體，雙腿鬆開不交叉。
2. 想像一個需要在兩個選項之間做決定的情境，然後說出這兩個選項。例如「我想買一輛自行車／我等著有人送我一輛自行車。」「我今天就下訂這條漂亮的裙子／我等待裙子打折。」「我和X一起去電影院／我和Y一起去電影院。」「我向銀行貸款／我和某人合夥。」「我要告訴老闆這件事／我不要告訴他。」
3. 閉上眼睛，想著第一個選項。不要思考，體會身體發生的生理變化。你的下巴是否緊繃，雙腳是否蜷縮，胸部是否內凹前傾，心跳是否加速？還是恰好相反，你感到放鬆、身體沒有任何緊張感？你的心率如何？

4. 在審視身體後（只需十到十五秒），立刻說出第二個選項。依舊不要思考，留心身體內部發生的變化。專注在你的感官上。

5. 比較第一種和第二種感覺，哪一種更令人愉快？注意，如果你心想：「我感到悲傷、我感到快樂、我是否看到了光？」這是心靈在說話。重點是要快，以維持對身體感受的「觀察者」身分。

第一次進行這個練習時，感覺可能很不明顯而令你對此有所懷疑。即使只有些許差異，也請相信自己！接下來的感受將會越來越顯著。請注意，每種感受都是因人而異。對某人來說，發麻可能很不舒服，但對另一個人來說則可能是正面感受。

隨著練習進行的次數增加，你的感知將會變得更加清晰。就算在搭地鐵，只要我在兩個選項之間猶豫，我就會閉上眼睛，想著第一個選項十秒，然後第二個選項十秒。我習慣傾聽自己的身體，我知道它的表達方式：肩膀的內蜷或外張，指引我應該選擇的方向。面對考驗的時候，信任你的身體，它是你最好的夥伴。

請隨時記下你的感覺，學會去辨識它們。對某些人來說，肯定的感覺可能是手臂在顫抖；對其他人來說，否定的感覺可能是下顎緊繃或心跳加速。如果你沒有感覺，或者在兩個選擇之間的差異不明顯，可能代表：

- 也許存在你沒有想到的第三種選項。
- 兩個選項都不可行。
- 區分差異對你來說很困難。感受身體是一種新的技能，你需要更多練習。

有時候，你可能會有意外的驚喜！在某次工作坊上，我建議大家進行這個練習，每個人選擇一個問題和兩個可能的選項。有些學員同意分享他們的結果。有一位媽媽告訴我，面對「十七歲女兒週六晚上是否可以出去玩？」這個問題時，她的心靈回答「不行」，但身體卻非常明確地回答「可以」。於是她女兒在那個週六晚上外出參加派對。到了晚上十一點，這位母親感到身體無緣無故緊繃起來，她很擔心，試著聯絡女兒但聯絡不上。她親自開車前往派對現場，發現女兒因為吞下了一種不明物質幾乎不省人事，需要兩個朋友攙扶。她立刻把女兒送到急診室。在洗胃之後，一切恢復正常。接下來才是最有意思的地方：她告訴我，女兒出生時她差點送命，而也正是因為這個嬰兒的誕生，她才有了求生的意志。問題是，這個孩子的態度就像是母親處處虧欠她。「自從那晚我救了她，我們又回歸了母女的角色。過去一個月來，我們的家庭生活一直很美滿，這都要感謝我的身體！」因此，這對母女需要經歷這次磨難才能重新平衡彼此的關係。

- 即使最終的感受看似奇怪，也要相信你的身體。
- 內在的小聲音其實就是你的嚮導。當你願意信任身體敏銳的洞察力時，就會開啟自己與親人以及更多事物之間的連結。

第20章 處理燒燙傷

在某些家庭裡，有個知道如何治療燒燙傷的曾祖母或祖母並不少見，祕方通常會在她們臨終前傳給家族裡最敏感的孩子。今天，我認為是時候與更多人分享這些方法，它可以拯救生命，為什麼只能獨厚某些人呢？特別是掌握這門技巧不需要特殊天賦。當然，並非每個人都能在遠處治療三度燒傷的患者，但緩解輕微燒傷症狀，不論是幫助自己還是他人，對每個人來說都是可以做到的。而且，練習得越勤，進步得也越快！重要的是不要對此心存懷疑。

談到古時候備受推崇的救火兵或斷火師，我立刻就想到我的朋友雷內．布朗（René Blanc）。他是一位消防隊長，退休後，他繼續對抗火吻造成的燒燙傷，同時治療由帶狀皰疹或溼疹引起的灼熱感。他更常投入的是幫助緩解癌症治療中由放射線引起的燒燙傷。洛桑醫院的放射腫瘤科經常向患者提供他的協助。他很受歡迎，每天約有四十人來洽詢，而他僅透過電話進行治療，所以不需要親自前往。他只需拿著聽筒，念誦一段祈禱文，患者的疼痛立即緩解。

為了了解這種現象的作用原理，各方進行了許多研究，但都沒有找到科學的解釋。這並不是一種心理現象或安慰劑效應，因為我們看到嚴重燒傷的嬰兒在斷火師介入後立即停止哭泣。在動物身上也可以觀察到相同結果，但其實它們並不知道有人在對它們進行治療。這種療法也不可能是能量轉移，因為只要念出這些祈禱文就會緩解疼痛，即使患者距離斷火師有六千公里遠。

大衛．塞爾萬－施瑞伯是醫生和神經精神病學家，他曾在我們的一部影片中出現過。[10]對於這個現象，他的看法是：「我認識一些癌症患者，他們的放射治療師會告訴他們：『因為會有嚴重的副作用，尤其是表皮燒傷，我建議各位諮詢一下斷火師。』這確實引發了一些疑問，因為斷火療法沒有科學或合理的依據。沒有人了解這些通常使用拉丁語朗誦的神奇咒語，是如何防止皮膚對放療等侵害產生燒傷反應的。但話說回來，我覺得比較有意思的是醫病之間的契約：如果你找上我，你希望我做什麼？你希望我推薦一些我完全有理由相信會對你有好處的東西，而且我完

[10] 不可思議大調查，《民俗治療師》（*Les guérisseurs*），執導：Thierry Machado，監製：Natacha Calestrémé，主持：Stéphane Allix，2010年。

全有理由相信它在過程中不會對你造成任何傷害。這份契約並沒有規定我必須知道它的運作原理，但我必須確定它帶給你的好處大於壞處。所以這些放射治療師很清楚這個道理；如果從整體上來看，斷火對他的病人有效，而且沒有副作用或缺點，那就是最好的藥物，也是最合理的療法。我不知道這是否科學，但它肯定是最合理、最明智的做法，也是所有人對醫生的期待。」

所有不厭其煩比較這些療法的醫療專業人員會同意，由斷火師治療的燒燙傷在外觀和癒合方面遠優於任何醫學治療。我必須強調這一點。

因此，各位也可學習如何斷火。我建議遵循我祖父傳授的方法，他是一位磁療師和斷火師，我從他身上學到了以下儀式，我非常感謝他。請記住，就像其他練習一樣，意念的力量是關鍵。

練習21
斷火
1. 低聲說，或如果你願意的話，大聲說出以下語句：「在聖馬修泉旁邊有三名盜匪，他們想要燒毀聖父。聖馬修對他們說，請別燒掉聖父，燒我吧。他站在爐口前，火就熄滅了。」
2. 對著燒傷處吹冷風（噘起嘴巴，否則吹出來的是熱氣），呼氣同時手比畫十字。如果你在遠端進行治療，請在吹冷風的同時，將意念專注在患者的燒傷處。
3. 重複整個過程（念詞和吹氣）三次。

皮耶．約納斯（Pierre Yonas）是一位民俗治療師，他同意與我分享自己所使用的方法，我很感謝他。他的方法是，帶著一定會成功的自信，也就是「相信自己的信念」說出：「火，我要阻止你，你在……的身體裡已經沒有立足之地。邪惡正被清除，善良得以進駐。」

如果有天你需要幫別人斷火，請選擇你最認同的那個練習，你將發現它確實有效。我就收到許多證實其效果的現身說法。某天，在接受 INREES 電視台採訪時，我分享祖父傳下來的練習21。沒多久，我就收到了艾曼紐的親身分享：「感謝你這份珍貴的禮物，也感謝你的祖父。我有次烤肉被燒傷，便試著禱告來緩解，結果灼熱感立刻消失，我也沒有起水泡！」幾週後，一位媽媽寫信給我，表示這個儀式幫助她撲滅了九歲兒子身上的火。我還收到一名男子的分享，表示他將這個練習應用在自己滿身溼疹的愛犬身上，愛犬之後就不再搔癢了。現在每次演講之後，都有人跟我說，多虧這個練習他們才撲滅了各種燒燙傷的火焰。我很高興看到他們成功達到效果——如我所料——儘管他們並未從祖父那邊得到這個方法。

第21章 好好活著

死亡發人深省，帶給我們許多疑惑；死亡無疑是人生中最大的謎團。當失去親人時，我們會感到悲痛欲絕。常常有人問我：「當失去孩子、父母或伴侶時，怎麼還能認定宇宙是仁慈的，哪怕只有一秒鐘？」顯然我們無法做到這一點。當死亡奪走我們無憂無慮的生活時，該如何重拾寧靜？

喪親之痛

當親人過世時，我們會在不知不覺中展開哀悼的過程。根據我採訪過的精神科醫生克里斯多夫．佛瑞（Christophe Fauré）的說法，哀悼的過程分為四個階段：[11]

[11] 請參考其著作《哀悼日常》（*Vivre le deuil au jour le jour*，暫譯），Albin Michel出版，2018年。

1. 震驚

我們無法理解發生了什麼事，因為事情太突然且痛苦。我們在情感上麻痺自己。在這個階段，我們可以機械化地完成一些事情（辦理親人的葬禮卻不流一滴眼淚，事後才崩潰），有時候甚至沒有哭泣。這個階段可能持續幾個小時到幾天。

2. 不顧一切尋找連結

我們試圖透過氣味（香水、沒洗過的絨毛玩具）、物品、衣物等，重新建立與往生者的連結。我們張貼照片，留一張放在身邊，播放生前留言聽他的聲音……。這個過程會持續八到十個月。

3. 崩潰

在這段時間內，我們意識到死亡的不可逆，也越來越想念亡者。儘管時間流逝，我們卻越來越難過，並對此感到恐慌。雖然非常難熬，但這個階段是正常且必經的過程，它證明了我們在哀悼中前進。這個階段最辛苦，因為它歷時最久（可能持續數年），可能讓我們感到絕望，覺得今後的人生就是如此。然而，這個過程會慢慢持續往第四個階段發展。

4. 釋懷

這階段涉及我們與往生者的關係。我們要求自己不要每天想著他們。我們覺得他們就在心中，像是某種溫暖而永恆的東西。我們不再因為外界不理解我們的感受而憤怒。漸漸地，我們重新融入這個世界，投入生活並構想新的計畫。一種內心的平靜油然而生。我們覺得自己再也不同了，一切都和從前不一樣了。有些東西遭到破壞（無憂的生活），但有些東西——我們從未想過的正面事物——也相繼出現：我們秉持開放的態度來面對自己、面對他人，有時甚至是面對我們看待生活的方式。

唯有到達這個階段，我們才有能力以不同方式看待親人的離世。通靈者說，比父母早逝的孩子或成人是選擇消失的靈魂，幫助身邊的人以不同的方式往前邁進，其影響有時可能長達數個世代。因此，這既不是我們的錯，也不是別人的問題，更不是來自壞的業力或不幸。將這種沉痛的失落視為已故親人在幫助我們，幫助我們重新審視未來，我們就是在向他們的靈魂致敬。我們能回報給他們最好的禮物便是思考：我可以如何改變自己才能在人生中繼續前進？我可以做些什麼來寬慰亡者？我需要改進哪些思維方式？

死後有生命嗎？

有些人堅信死後有生命，有來世的存在；有些人則認為這是無稽之談。有趣的是，所有研究過這個問題的人，原本堅定的立場都會發生動搖，甚至認為死後意識仍然存在。關於死者向親人發送訊號，或是透過靈媒轉述死後發生的事件，這類現身說法非常多，無法歸結為單純的信仰。我的丈夫史蒂芬之前當過戰地記者，他曾撰寫一篇名為《測試》（*Le Test*）的調查報導。[12]期間，他請六位靈媒與他已故的父親聯繫。他要求這些人描述他藏在棺木裡的四件物品。結果他們全部答對，連最懷疑的人也被說服了。

心臟病學家皮姆・馮洛梅爾（Pim van Lommel）在科學雜誌《刺胳針》（*The Lancet*）上發表了一篇關於瀕死體驗（EMI）的研究指出：「我們最終應該認為死亡就像出生一樣，將我們從一種意識狀態轉移到另一種意識狀態。」身體是意識的容器，而意識在死後將繼續它的旅程。我們逝去的親人存在於他方，只是沒有肉體這具皮囊。

讓往生者繼續旅程最好的方法，就是走出喪親的悲痛，不要因為他離我們而去而怨恨他。我們必須明白是因為他的時候到了。事實上，有些人在過世前一段時間，就有預感自己死期將至。我妹妹曾告訴我母親，她相信自己會英年早逝。史蒂芬的兄弟托馬和我們一起在阿富汗時曾說，他真想趕快滿三十歲，因為他想好好活下去。通常我們都是在事後才能明白這些說法。史蒂芬的父親在去世前幾個月（儘管他沒有生病）表示，他看不到下一個聖誕節了。還有一位工程師朋友的孩子，在

⓬ Albin Michel出版，2015年。

死前幾天畫了自己的喉嚨裡塞著一只紅色樂高積木，結果真的發生這起意外，讓他撒手人寰。換句話說，人的靈魂明白自己的大限。

理解死亡的意義並不容易，因為這是最艱難的考驗。但有一天，我們終究能夠參透，而且正視死亡可以幫助我們蛻變。妹妹過世的時候，我才明顯感受到認識自己的迫切性。她的離去讓我找到了寬恕的力量。我要感謝她，是她讓我變得更好，讓我可以展翅飛翔。究竟有多少人是在喪親之痛後，才徹底改變了自己的生活？

我妹妹離世時，母親已經高齡七十四歲。她悲痛欲絕，尤其是她們母女倆的關係非常融洽。她經歷了佛瑞提出的四個階段。第三階段，也就是覺得自己越來越糟的時期，對她來說尤其難熬。然後有一天，她說服自己重新開始工作，但方式與過去不同。面對一些簡單的任務，她透過說故事和木偶戲的方式，向未來的社工傳授調解技巧，結果驚訝發現自己的一番話撫慰了前來培訓的學員。他們獲得了釋放。即使學員對我母親的悲痛一無所知，也能從她的眼神和手勢中感受到她的靈魂正在重建。現在，她渾身散發無比的希望，傳達絕望中重生的理念。如今，八十歲高齡的她仍常常受到邀請，學生也都很喜歡她。在我父親的陪伴下，兩人仍對一切充滿好奇，開車周遊法國，探索建築和自然的瑰寶。這是何等的力量，何等的新生！

尋找死亡的隱含意義是對我們所愛之人的一種緬懷，也是確保他們沒有白白離去的最好方式。

對於那些細數身邊逝者人數並對此感到沉重的人，我這裡有個比喻：有兩個人前往村莊的市集，其中一個是運動員，另一個是小男孩。他們分別購買了一些食物，最後把所有東西都裝在一個籃子裡，總重為十二公斤。誰該來提這些東西？當然是運動員，我們會把重擔交給有能力承擔的人。這個小故事告訴我們，我們有能力承擔考驗，重新站起來並從傷痛中痊癒。

但如果情緒把你壓得喘不過氣來，你很可能需要幫助。不要猶豫，請你的嚮導來協助你，可以對他說：「我正在經歷的事情非常難熬，謝謝你給我前進的力量，讓我理解死亡的意義。」

關於靈魂的存續，我已經不再懷疑。每當想起妹妹，她就在我身邊。我們逝去的親人會聽到我們的思念，感受到我們的情感。各位可以進行下面的這個練習來確認這一點。

練習22

重新連結過世的親人

1. 將意念集中在這個人身上。
2. 大聲告訴他你愛他。
3. 將注意力集中在心底。一種充實和喜悅的感受會湧上心頭，你已故的親人就在身邊安慰著你。這種接觸是一次很微妙的重逢過程。

有一天，當我們不再為失去親人而哭泣時，我們才會意識到每當想起對方，他就會與我們同在。他永遠活在我們心中。

第22章　提升你的生活

活出你的本性

觀察蜥蜴蛻皮是個很有啟發性的過程。蜥蜴會按部就班緩緩脫皮，等到舊皮膚完全褪去，它就會以更有活力的方式前進，然後展現出力量。這個形象幫助我了解到，必須放下舊皮囊，才能吸納靈魂和意識中發生的所有能量變化。我要放下那曾經感到恐懼、悲傷和憤怒的狹窄軀殼。但是該怎麼做？像蜥蜴一樣，我決定展開行動。還有什麼比步行完成這趟康復旅程更具象徵意義的呢？我很快就選定了起點和目的地：從波爾多徒步到露德。這是在向我的祖母致意，她每年都會搭火車前往露德。我決定獨自行走三百零九公里。安排好沿途的住宿地點後，預計要花費兩週的時間。我選擇氣候溫和的九月啟程，畢竟法國西南部以其印第安之夏還有入秋和煦的太陽而聞名。為了做好準備，我連續一個月每天都在走路。

出發的日子來臨。我在一場滂沱大雨中走了二十一公里後抵達民宿，陽光總算願意露臉。五歲的艾黛兒提議我去摘無花果，果實很香甜。她的母親告訴我最近的餐廳在三公里外，看到我驚恐圓睜的雙眼（我無法再穿上那雙溼透的鞋子），她很大方，決定把車借給我，我簡直不敢相信。第二天早上，我告訴打掃阿姨瑪麗—喬澤，我對一切看不見的事物都很感興趣。「我也是啊，」她對我說。「事實上，我丈夫是超感知者，他能看見也能聽見死者。」她接著表示，兒子拉斐爾在四歲的某個夜裡大聲驚叫，因為他房間的角落裡有個男人。有一天，他在祖母家的相冊中認出了黑影人的面孔，原來他是很久以前去世的曾祖叔父，名字叫作……拉斐爾。爸爸告訴兒子，這位長輩來找他是為了感謝他沿用了同一個名字，而且要保護他。孩子從此不再害怕。瑪麗—喬澤接著分享了一個不尋常的小故事。她兒子十五歲時擔任足球守門員，球隊與巴塞隆納隊比賽，必須贏球才能晉級。雙方打成平手進入PK大戰，贏球大任落在拉斐爾肩上。突然間，他聽到有人對他說：「左上角。」他朝這個方向飛撲，攔下了對方的攻勢。他堅信是他父親在對他說話，但父親人其實遠在看台上！耳畔的低語繼續：「右下角。」他後來才明白是他已故的曾祖叔父。他遵從老拉斐爾的指示，最後贏得了比賽！曾祖叔父是孩子的嚮導，如果在有困難時向他求助，拉斐爾就會得到幫助。

經過兩段雨中徒步後，我抵達巴札斯。我與同住的一對和善夫妻閒聊，丈夫告訴我，他們兩歲半的女兒艾莉諾一直表示有他們看不到的東西存在。我告訴兩人拉斐爾與巴塞隆納隊比賽的故事，他們驚訝地看著我。原來一年前，他們就住在巴塞隆納！最不可思議的是，當時他們的女兒從來不笑，只有當走進自己的房間，向角落張望時才會露出笑容。夫妻詢問之後，才知道女兒看到的是她已故的祖母，她的名字也叫……艾莉諾。

這趟旅程對我來說是一次人生的總結。生命在告訴我名字的重要性，以及我們與祖先之間不可分割的連結。這些故事的相似性讓我感到驚訝，我覺得自己就像是條無形的絲線，透過巴塞隆納和這些通靈的孩子將這兩個家庭聯繫在一起。

雨下了一夜，草地和泥土都被水浸透。我走在路上，感覺自己像是一塊海綿。突然間，一隻受到驚嚇的山羌從離我十公尺遠的地方衝了出來，想要逃離後方緊跟著的一群狗。三個手持步槍的男人從樹林走出來，我明白狩獵季節剛剛展開。我為這隻動物感到難過，又害怕自己被流彈打中，只好扯著喉嚨高歌。早知如此，我就應該復習一下歌單。正當我大聲唱著法蘭絲．蓋兒（France Gall）的歌曲「媽媽，媽媽，如果你目睹我的人生，我一會哭一會笑……」時，遇到了兩名目瞪口呆的獵人。我聳聳肩對他們說：「不管我唱不唱，雨還是照下。」

我抵達布里奧—貝爾貢斯時覺得相當煩躁，有種像是等著被宰的獵物，實在受夠了讓我驚心膽顫的每聲槍響。時間是下午三點，我打電話給地址標識不清的民宿老闆，對方非常不耐煩，要我兩小時後再來。我一屁股坐在地上，褲子整個溼透。太陽發揮同情心，終於露臉。我又累又溼，覺得很生氣。我一路上提心吊膽，而這個男人將我散發的所有負能量又悉數回敬給我，這再次證明意念的重要性；但我等到第二天一切都好轉時才明白這一點。同時我也在想，徒步旅行者可說是這間偏僻旅店的衣食父母，這老闆實在太不懂得人情世故了。

我癱坐在道路的邊坡上，試著把鞋子弄乾，此時我看到一個背著大背包的男人朝我走來。他是貝爾納，六十五歲的退休人士，他徒步的每段距離都有四十二公里！我們都是這間民宿的客人。在等待的過程中，他告訴我早上他不小心踩進一個坑，之後就開始出現坐骨神經痛的症狀。我問他事發時心裡在想什麼。經過思考，他表示他在生兩個荷蘭人的氣，因為昨晚這兩個人不願與他分享食物，也不願和他交談，雖然他們都會說法語。我提到了五種傷痛，問他哪一種最接近他所經歷的情況，他選擇了拒絕的傷痛。我向他說明宇宙滿懷善意，也就是他的靈魂選擇了這種傷痛，並讓他面對各種人和情境，以便給自己一個治癒的機會。這給了他一些啟發。我建議他感謝荷蘭人、路上的坑洞，並試著找到童年時期最初的拒絕傷痛，然後清理與父親或母親的痛苦連結。貝爾納對我說：「沒有人曾如此簡單明瞭地向我解釋這一切。」第二天，他度過了久違的美好一夜，在沒有任何疼痛的情況下再次啟程。

在下一站迎接我的老奶奶，給我斟了一杯桃香雅馬邑當開胃酒，同時幫我去除溼氣。沒多久，我們的談話就涉及了看不見的世界。當初她和丈夫買下這個地方時，曾大聲表示穀倉蓋錯了地方。七天後，在一場猛烈的風暴中，閃電擊中了穀倉，將它完全燒毀。「多虧了保險，我們才得以在別處蓋新的穀倉。我一直認為有個善心的實體聽到了我們的話，才會有這場暴風雨。一切都發生得好快。」她這麼告訴我。聽了這番話，我想到的是地方守護者的介入。在和善的兩夫妻搬入並說出願望時，守護者實現了他們的願望。然後我開始思考：對於這一路上下不停的雨，我應該如何去理解？我得到的唯一好處是我的高人氣，因為我在臉書上發布了一張身著三層黃色垃圾袋的照片，來替代壽終正寢的雨衣，並解釋這是本季秋冬的最新時尚。

在奧茲的公營招待所裡，我認識了來自法國的伊莎貝爾，以及來自德國漢堡的克里斯多夫和瑪麗亞。我在當天接到許多電話，因為那天是我的生日。這對德國夫妻準備了一道燉肉幫我慶生。我很開心自己不是一個人，便取消了當地一家美食餐廳的預訂，然後與伊莎貝爾一起去超市買甜瓜、肉醬、兩條法棍、葡萄和葡萄酒。大家自我介紹。伊莎貝爾在利摩日擔任護理師，克里斯多夫是身心障礙醫院的人力資源主管，瑪麗亞則是牧師。每個人輪流分享自己奇特的遭遇。我告訴他們關於拉斐爾的曾祖叔父和艾莉諾的祖母的故事。伊莎貝爾告訴我們她父親生前熱愛賽鴿。

「父親過世後，我們清空他的房子出售。我抵達的那天，屋頂上有隻鴿子用一種奇怪的方式看著我。我想到了我父親，但我什麼都沒說。後來，我姐姐也去了，她也看到了那隻鴿子。當我們姐妹倆同時回去時，我們才談到了這件事。『你也看到那隻鴿子了嗎？』我們對著鴿子說：『爸，是你嗎？你在透過這隻鴿子向我們傳達訊息嗎？』鴿子看了我們一眼，然後就飛走了，像是它很滿意我們終於明白了，之後就再也沒見到它。但我需要更多的證據來說服我，於是我說：『爸爸，如果真的是你，我想在接下來的每一天都能看到一隻鴿子。』從那時候開始，真的每天都會出現鴿子。」後來幾天，伊莎貝爾還寄給我她在森林中遇到的鴿子照片，但我自己則不常看到它們。

輪到克里斯多夫分享。他告訴我們，每當醫院出現與員工或患者有關的問題時，他都會向曾在醫院工作的已故員工尋求協助。只要他開口求助，一切都會很快恢復正常。一位人資經理向幽魂求助，這確實不太常見！他接著說，他第一任妻子懷孕時，他們把嬰兒車放在房間的窗前，一隻鴿子立刻飛下來停在窗台上，一直靜靜地停留到嬰兒出生那天。他們把嬰兒放進嬰兒車後，鴿子就飛走了。於是，夫妻倆給孩子取了一個代表和平鴿的名字。

瑪麗亞看著我，問道：

「那你的祖母叫什麼名字？」

「她叫瑪麗亞，這趟旅程是為了緬懷她。」

我回答時才意識到她也叫瑪麗亞。真令人吃驚。四個人中有兩個人都曾經歷與鴿子有關的奇特遭遇，另外兩人則與瑪麗亞這個名字有深厚淵源，這樣的機率有多大呢？我們原本素昧平生，卻有種彼此牽絆的感覺。

過完生日後，天空終於持續放晴。之前，天空似乎察覺到我有多需要一場洗禮，於是盡責調度雲雨對我進行洗浴。第二天，我在路上遇到了克里斯汀，他是向旅人奉茶的農夫。我心懷感激，告訴他在寒冷早晨喝到這杯熱茶是我生日的一份小禮物。他回答我，今天也是他的生日。喜悅的心情感染了彼此。三天後，我在芳斯華茲家過夜，她竟然也跟我同一天出生。生命織就了一張無形的網，儘管看不見那些絲線，但它們確實存在。

到了維克昂比戈爾，我聯絡上一位按摩師，她同意下午六點在店內幫我按摩，雖然已經超過表定的營業時間。她一直為我按摩到晚上七點半，強調我確實很需要放鬆。她有隻手因為腕隧道症候群而疼痛，我提議向她說明這個疾病的象徵意義，她同意了：「這代表我們無法反對第三方的決定。」她承認曾遭受前夫不正常的心理操控，而這也正是三個月前我完成的書稿主題，於是我給了她一些建議。

之後，我遇到塔拉斯泰修道院的神父，他提供住宿、晚餐和早餐，但僅收取微薄費用。因為知道我熱愛大自然，他便帶我參觀這個特別的地方，多棵樹齡數百年的橄欖樹在此開枝散葉，同時還有一些罕見的植物。我決定以《未知》（*Inexploré*）雜誌的名義採訪他。在結束了這一天後，他彈奏管風琴給我聽，殊不知這正是我最喜愛的樂器，我的祖母也會彈奏。菲利普在露德修道院的技術部門工作，跟我並沒有私交，但是他在臉書上關注了我。他很熱情提議為我進行導覽。我跟他說，有些行動不便的人告訴我，在閱讀了我的一些貼文後，他們有種與我一同前往這個聖地的感覺。他遞給我一只十公升的水桶，對我說：「這是給你的，這樣你就不必多走路去買桶子，還可以用它裝滿泉水。」我本來打算今天晚上帶些泉水給朋友。我會把你的故事告訴他們。」

這趟旅程是一場能量的交流。生命體之間的連結透過一連串的共時巧合在我眼前上演：一連串看似沒有明顯關聯的事件，卻在偶然的精心安排下，發生在我的旅途中。

他者即自己。

不必長途遠征也能擺脫舊怨和不滿。靜坐、游泳、園藝、散步……，任何活動都很適合幫助我們煥然一新。在散步的過程中，我們吸收植物的能量。透過深呼吸，我們讓分子再生，然後排除舊傷痛。大自然充滿著正能量。在夏天，我們甚至可以赤腳行走，藉此強化我們的感官，以及與大地之母的親近感。好好照顧自己，就等於是在親人身旁散發正能量，與宇宙建立連結。

結語

各位和我一路至此，發現了看待生命的另一種方式。我們深刻了解到失敗和病痛背後的重要訊息。你剛剛完成的這趟旅程將幫助你重新認識自己的身體。你將與它對話，你會像對待親密的朋友一樣與它交談，重新賦予它治癒的力量。你現在聆聽著靈魂的祕密，它輕聲告訴你，治癒傷痛是你在投胎為人之前所同意承擔的重大課題。你也知道逆境、考驗和挫折都是宇宙傳遞給你的訊息，目的是讓你由內而外地重建自己。如今，這些工具都掌握在你手裡，你將會進入不可思議的寧靜境界，一再困擾你的逆境甚至會消失無蹤。當問題出現時，你會驚訝地發現自己念頭一轉，將每一次的磨難昇華為經驗。那一瞬間，你會想起某種正面的事物正等著你去發掘。那些「帶塞」的遭遇其實是肥料，幫助你這棵美麗植物長出新的高度。我們不都是在玫瑰底下灑上糞肥，它們才能長得更加茂盛嗎？你將尋找一再輪迴的傷痛，它可能源自於你的過去，源自你的父母或祖父母所遺留下來的遺憾，甚至是你承襲自祖先的一個名字。透過這些練習，你將能排除情緒地震和它造成的餘震。那個歸咎於別人、宿命、微生物、病毒、厄運或其他外部因素的時代已成過去，能夠告訴自己，解決辦法就掌握在自己手裡，只要改變觀點就有能力一勞永逸擺脫煩惱，這是何等的幸福！

這些圍繞在你四周的無形力量讓你獲得了強大的盟友，它們會透過夢境與你對話。然而，最困難的事情莫過於拋開只有看得見的東西才存在的想法，同時學會隨時召喚這些非比尋常的幫手。只要你一而再、再而三體驗到它們的力量，你就不會再有任何懷疑。它們會透過這種微妙的交流來看顧你，你會發現自己無時無刻都在感謝它們，深信它們付出的善意。

在展讀這本書的過程中，你會發現這裡面並沒有什麼神奇的力量。你即將完成的是一趟參透寬恕祕密力量的旅程，它是你獲得解脫的最終工具。這是一種重生能量的流動，能夠瓦解經年的磨難和嚴重的疾病。每一天，怨恨都會逐漸遠離，寬恕也會一點一點深入你的內心。只要秉持深刻和真誠的意念，你就能走向新的活力和確保幸福的道路。這就是你的能量鑰匙，你的生活已經開始朝著更好的方向轉變。

生病了怎麼辦？

1. 你生病了：這是一個了解身體透過症狀傳遞訊息給你的機會。
2. 先去看醫生，必要時服用藥物，好讓你的大腦擺脫沒吃藥就好不了的想法。注意，有時服用安慰劑就夠了。
3. 審視身體這位珍貴盟友所傳遞的訊息。尋找觸發疾病的痛苦事件。問自己練習2的問題：生病之前，你看到或聽到了什麼不愉快的事？必要時，利用疾病的象徵意義來尋找線索。如果仍舊毫無頭緒，請進行練習10和11跟你的嚮導建立連結，在入睡前請他透過夢境提供指引。
4. 執行練習3，每天多次與身體對話。大聲並充滿元氣地說出你想要痊癒的願望，向組成身體的百分之99來溝通。例如「謝謝你，我的身體，我明白某情緒問題造成了這種疾病，你可以消除……的症狀，因為我會進行不同的練習來清理這種情緒。」
5. 按照練習4的說明，想像你正透過呼吸排出痛苦，淨化痛苦的部分。
6. 執行練習5，然後與那些因態度而嚴重使你感到不安並奪取你能量的人進行靈魂恢復（練習6），因為你必須讓自己變得完整，這個自我重建的過程才能持久下去。

7. 思考這種疾病所凸顯的情緒傷痛（委屈、拒絕、遺棄、羞辱、背叛），它是另一個（更嚴重的）傷痛翻版，可能發生在你的童年時期或是你從祖先那裡繼承而來。

8. 針對那些留下情感包袱的對象，清理或切斷與他們之間的痛苦連結（練習7和練習8）。

9. 重新與你內在的年幼自己建立連結（練習9），清除童年時期產生的內疚感，那是造成你恐懼和陷入僵局的原因。

10. 你吸引的那些人或事，是為了試圖從最初的傷痛中痊癒。總有一天，你會原諒他們，甚至感謝他們讓你有機會脫胎換骨。

11. 給自己一點時間，原諒自己（你的靈魂）在轉生前迎來了這麼多挑戰。

12. 每天重複步驟一到五，直到症狀消失。重複練習5、6、7和8，兩次練習之間至少間隔兩週，讓你的身體有時間吸納這些新的能量。給自己足夠的時間進行療癒。你可以在這些練習中不時穿插淨化、扎根和清理臥床等儀式。

經歷困境怎麼辦？

1. 經歷困境是修復舊傷痛的機會。
2. 大聲向自己表達你的憤怒、恐懼、羞愧、沮喪、恨意和悲傷。
3. 向當事人表達你的怨恨（以適當的方式）。
4. 找出傷痛：背叛、委屈、拒絕、羞辱或遺棄。如果找不到，請進行練習10和11，與你的嚮導建立連結，在入睡前請他透過夢境來指引你。
5. 不要讓這種傷痛影響親友和自己。
6. 每個人都曾經歷考驗，請進行關於靈魂恢復的練習5，不要再浪費能量。如果你對某人的態度感到迷惘（他們的沉默、矛盾、不停批評或責備），表示你正在失去能量，而這個人正在吸取你的能量。請和這個人進行練習6。想想你的父母、祖父母、兄弟姐妹、叔叔嬸嬸是否一再干擾你的情緒來消耗你的能量（儘管他們並非故意），請與涉及的對象進行練習6。

注意：如果工作、社交或感情上不順遂，這無疑證明你失去了部分能量。請與這些人進行練習5和練習6。

7. 清除（或切斷）這些痛苦連結，遠離令你感到痛苦的人。

8. 觀察事情發生的週期，清理（或切斷）與家庭成員的痛苦連結，因為是它們造成世代相傳的情感波折。

9. 重新與你內在的年幼自己建立連結（練習9），清除童年時期產生的內疚感，那是造成你恐懼和陷入僵局的原因。

10. 你吸引了這些人或事，是為了試圖從最初的傷痛中痊癒。總有一天，你會原諒他們，甚至感謝他們讓你有機會脫胎換骨。

11. 原諒自己（你的靈魂）在轉生前迎來了這麼多的挑戰。

12. 重複進行練習5、6、7和8。在第一次和第二次之間至少間隔兩週，讓身體有時間吸納這些新能量。如果必須對許多人進行這些練習，請以三或六個人為一組，每次至少間隔兩週。

如果痛苦的情緒死灰復燃，代表仍有些東西需要淨化，請求嚮導透過夢境給你指引，或請他為你找到治療師，讓治療師幫助你更清楚認識眼前的困境。你可以在進行這些練習的每個步驟裡，不時加入淨化、扎根和床位清理等儀式。

致謝

我曾經獲得的建議，還有生命敦促我落實這些有時令人費解的做法來重建自我的過程，造就了這部作品的誕生。因此，我要由衷感謝一路以來的磁療師、治療師、靈媒和薩滿，感謝他們慷慨分享自己的經驗和方法。現在，與更多人分享的時候到了。這部作品就像是一只熔爐，熔冶了我花費近十年時間收集、實踐並經常補充的被遺忘的知識。

在此，我要向願意以批判和善意態度來審視本書的醫生、精神科醫生和心理治療師表達無盡的感謝。首先要感謝心理治療師 Jacques Roques，他是法國 EMDR 的創始人之一，也是心理神經生物學的開創者，感謝他協助我對內疚這個重要概念進行補充，同時提出靈魂恢復與心理治療所使用光之流療法的相似之處。最後，還要感謝他幫助我理解如果將小數點之後的數字納入考慮，那就代表人體中的能量和訊息要比物質本身多出一百萬倍。感謝精神科醫生 Jean Sandretto 讓我有機會說明鏡像神經元這個重要概念。感謝醫生和骨科專家 Patrick Jouhaud，他在小兒整骨治療領域中教授生命動力學。Patrick 向我介紹了他在胚胎學方面的傑出研究，並建議我在〈提升你的生活〉一章中強調共時性（synchronicité）的概念。感謝心理治療師和治療學教授 Gérard Ostermann，他讓我注意到一個很關鍵的事實：情緒從來不是負面的，因為它傳遞著幫助我們自我重建的訊息。感謝以上四位，讓我有機會強調疾病的象徵意義本質上仍是統計數據，而找出疾病根源最好的方法就是尋找觸發疾病的痛苦事件。

衷心感謝我的好朋友們。感謝 Natalie Fuchs 的堅定支持，以及她的一位友人透過練習改變了我的人生；感謝 Nathalie Lenseigne 鼓勵我展現真正的自己，不必再用小說創作來隱藏自己；感謝 Laurie Fatovic 的傾聽並鼓勵我第一次認真思考寫下本書；感謝 Florence Hubert 的人脈和令人寬慰的陪伴，特別是我妹妹過世的時候；感謝 Loan Miège 慷慨及不厭其煩的協助；感謝 Marie-Pierre Dillenseger 的明智建議和我在進行核磁共振檢查時一直陪伴在我身邊，椎間盤突出的診斷結果徹底改變了一切；感謝 Bénédicte Touchard de Morant 過去三十多年來一直在重要時刻陪著我——我永遠不會忘記你在我最後一次閱讀本書前的那通電話和提出的問題，因為你的幫助這本書才能更臻完善。

非常感謝所有曾經參加我的工作坊或講座的人，感謝你們後續和我分享康復的過程、健康狀況的明顯改善，有時甚至是生命中的小奇蹟。你們的轉變是珍貴的禮物，是莫大的鼓勵。

還要感謝老闆 Francis Esménard，他非常懂得如何默默提供有力支持；感謝 Albin Michel 新任總編 Gilles Haéri 對我的出版提案表現出高度熱情；也特別感謝我的編輯 Lise Boëll，她的天賦協助啟發我發揮最好的一面；還有 Estelle Cerutti、Damien Bergeret、Iris Néron-Bancel 和 Florence Le Grand，他們的提問和建議在明確表達想法方面給予我很大的幫助，成書過程多虧了這個堅強團隊才能受惠良多。

深深感謝我的父母、姐妹和家人，感謝他們造就了我現在的模樣。謝謝我深愛的兒子，他有純真的心靈、敏銳的洞察力以及對人生的態度。謝謝我的丈夫，他在我身體不適的時候始終耐心守候，謝謝他對我工作的尊重，謝謝他的愛，謝謝我們共享的一切和默契，尤其是他充滿善意的支持，幫助我在人生的道路上不斷前進。

感謝 A. L. 直到永遠。

國家圖書館出版品預行編目(CIP)資料

做自己的能量治療師：22個練習重拾能量，釋放痛苦，找回身心靈健康 / 娜塔莎．卡列斯泰梅著；范兆延譯．-- 初版．-- 臺北市：遠流出版事業股份有限公司，2024.08
面；　公分

ISBN 978-626-361-804-6(平裝)

1.CST: 心靈學 2.CST: 能量

175.9　　113008519

做自己的能量治療師：
22個練習重拾能量，釋放痛苦，找回身心靈健康

作　　者——娜塔莎．卡列斯泰梅
譯　　者——范兆延
主　　編——周明怡
行銷企劃——王芃歡
封面設計——之一設計
內頁排版——平衡點設計

發 行 人——王榮文
出版發行——遠流出版事業股份有限公司
104005 台北市中山北路一段11號13樓
郵政劃撥／0189456-1
電話／02-2571-0297．傳真／02-2571-0197
著作權顧問——蕭雄淋律師

2024年8月1日　初版一刷
售價新台幣399元（缺頁或破損的書，請寄回更換）

遠流博識網　http://www.ylib.com　e-mail:ylib@ylib.com

LA CLE DE VOTRE ENERGIE: 22 protocoles pour vous libérer émotionnellement
by Natacha CALESTREME

Published in agreement with Editions Albin Michel through The Grayhawk Agency.